Inhalt

Vorwort für den Lehrer

Diese Broschüre ist für Leute (Schüler, Erwachsene) gedacht, welche zum ersten Mal mit einem Computer arbeiten. Es werden keinerlei Vorkenntnisse vorausgesetzt; an Mathematik-Kenntnissen genügen die des 8./9. Schuljahrs. Damit eignet sich diese Einführung für den Unterricht in der Mittelstufe und auch in der Erwachsenenbildung (Volkshochschulen) sowie zum Selbststudium für den "Hobby-Programmierer".

In einer Gesellschaft, die zunehmend vom Einsatz des Computers geprägt ist, sind elementare Kenntnisse über den Umgang mit diesem m.E. unverzichtbarer Bestandteil einer Allgemeinbildung; jeder Schulabgänger - insbesondere der Sekundarstufe I - sollte darüber verfügen. Diese Schrift vermittelt grundlegende Fähigkeiten zum Arbeiten mit Computern; auf die Behandlung auch nicht-numerischer Probleme wird besonderer Wert gelegt. Weitergehende Anwendungen (wie z.B. die Verarbeitung grösserer Datenmengen), Information über den Aufbau einer Rechenanlage sowie Diskussion gesellschaftlicher Auswirkungen der Datenverarbeitung konnten hier noch nicht dargestellt werden; ihnen ist ein Fortsetzungsband gewidmet.

Noch eine Bemerkung zur verwendeten Programmiersprache. Aus Kreisen der Informatik wird an der Programmiersprache BASIC immer wieder Kritik geübt; zweifellos zu Recht. Denn BASIC besitzt

- keine semantische Bezeichnungsmöglichkeit für Variable,
- keine höheren Datentypen,
- kein modulares Konzept.

Als größten didaktischen Nachteil für Anfänger sehe ich die Benutzung des Gleichheitszeichens bei der

Wertzuweisung und das Fehlen einer Anweisung der Gestalt WENN ... DANN ... SONST ...; ihre Umschreibung in BASIC ist zuweilen umständlich.
Der unbestreitbare Vorteil von BASIC besteht jedoch in der

- leichten Erlernbarkeit und in der
- Möglichkeit zur interaktiven Arbeitsweise.

Wie diese Einführung zeigt, beginnt der Lernende schon in der ersten Unterrichtsstunde, eigene kleine Programme zu entwickeln und mit dem Rechner in Dialog zu treten.
Um möglichst rasch zum aktiven Umgang mit dem Rechner hinzuführen, werden die Sprachkomponenten von BASIC hier nicht systematisch abgehandelt, sondern beim Lösen konkreter Aufgaben nach und nach erarbeitet. Um den Charakter einer Schrift für Anfänger zu wahren, habe ich bewußt auf die Behandlung schwierigerer Anweisungen (wie z.B. DEF FN) verzichtet. Auch kam es mir keinesfalls auf die Vermittlung irgendwelcher Programmiertricks (evtl. sogar in Maschinensprache) an. Oberster Grundsatz ist übersichtlicher Aufbau und verständliche Darstellung der Programme, damit der dahinterstehende Gedanke klar zum Ausdruck kommt.

BASIC muß nicht zu einem schlechten Programmierstil führen, wenn man primär die Entwicklung des Algorithmus selbst und seine prägnante Darstellung, erst sekundär seine Übersetzung in eine Programmiersprache im Auge hat. Daher habe ich mich um ein durchsichtiges verbales Sprachkonzept für Algorithmen bemüht; sog. Flußdiagramme treten nur hin und wieder zur Veranschaulichung auf. Lernziel ist "algorithmisches Denken" als Schlüsselqualifikation der gegenwärtigen Wissenschaft und Gesellschaft.

Lüneburg, November 1979 R. Baumann

Einleitung

Wenn wir einen Computer für uns arbeiten lassen wollen, so müssen wir den Auftrag, den wir ihm erteilen, in einer Sprache formulieren, die er versteht.
Eine einfache und weit verbreitete Programmiersprache ist BASIC; in die Arbeit mit ihr führt diese Schrift ein.

BASIC entstand im Jahr 1964 am Dartmouth College in Hanover (New Hampshire, USA) als elementare Computersprache für wissenschaftlich-technische Anwendungen; der Name ist Abkürzung für Beginners All-Purpose Symbolic Instruction Code (zu deutsch etwa: Allzweck-Programmiersprache für Anfänger). Wie andere Sprachen hat auch BASIC verschiedene Dialekte; jeder Computer-Hersteller schafft seinen eigenen.
Die hier benutzte Version ist auf die COMMODORE-Rechner der Serie 2001 (genannt PET) und 3001 zugeschnitten; die Programme sind jedoch so geschrieben, daß sie mit nur geringfügigen Änderungen auf jedem anderen BASIC-System laufen können.

*

Im Text taucht zuweilen ein kleiner Käfer

auf; er signalisiert einen Fehler. ________________

1. Einfache (unverzweigte) Programme

1.1 Direktes Rechnen

Wir beginnen mit einem ganz einfachen Problem, an dem sich aber schon viel lernen läßt.

Aufgabe 1. Es soll der Flächeninhalt und der Umfang (Zaunlänge) eines rechteckigen Grundstücks berechnet werden, das 22 m lang und 18,5 m breit ist.

a) Lösung "zu Fuß"

Wir rechnen wie folgt:

Flächeninhalt = Länge mal Breite;

in Zahlen: $22\,m \cdot 18{,}5\,m = 407\,m^2$.

Umfang = zweimal Länge plus zweimal Breite;

in Zahlen: $2 \cdot (22\,m + 18{,}5\,m) = 81\,m$.

b) Lösung über Tasten

Wir wollen die Aufgabe nun auf dem Computer lösen. Als erstes schalten wir ihn ein; der PET meldet sich mit READY, dem Zeichen, daß er arbeitsbereit ist.

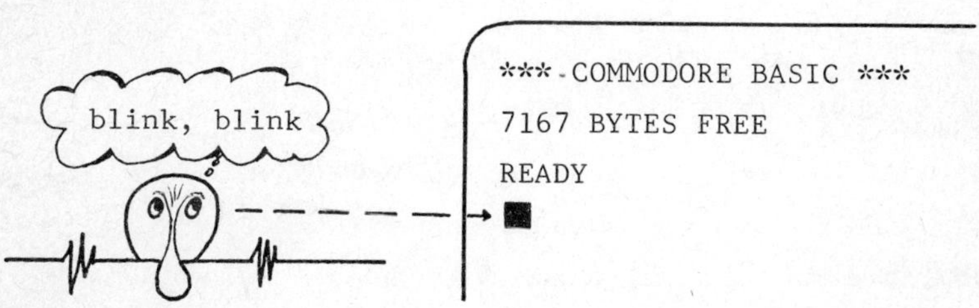

Das blinkende Leuchtzeichen ist der sogenannte Cursor; er markiert die Stelle, an der das jeweils nächste über Tasten eingegebene Zeichen auf dem Bildschirm erscheint.

Um den Computer zu veranlassen, die Rechnung für uns durchzuführen, müssen wir ihm eine Anweisung erteilen:

Wir schreiben auf der Tastatur:

PRINT 22*18.5

das heißt: "multipliziere 22 mit 18,5 und zeige das Ergebnis auf dem Bildschirm an" (wörtlich: "drucke"). Damit der Rechner die gegebene Anweisung ausführt, drücken wir die

RETURN - Taste.

Der Bildschirm sieht jetzt wie folgt aus:

```
*** COMMODORE BASIC ***
7167 BYTES FREE
READY
PRINT 22*18.5
 407
READY
■
```

hier steht das Ergebnis

Wollen wir auch den Umfang des Rechtecks berechnen, so schreiben wir

PRINT 2*(22+18.5)

und drücken wieder die RETURN-Taste. Dann erscheint die Zahl 81 auf dem Bildschirm.-

Die Beispiele zeigen, daß wir auf dem PET wie mit einem T a s c h e n r e c h n e r rechnen können (wenn auch etwas umständlich). Daß der PET etwas mehr kann als ein Taschenrechner, werden wir gleich sehen.

Aufgabe 2. Man berechne

$$\frac{2,5^2 + 1,8}{9,3 - 6,7}.$$

Um einen solchen Rechenausdruck auszuwerten, müssen wir

die Rechenzeichen in BASIC kennen: für Addition, Subtraktion, Multiplikation, Division und Potenzierung werden die Zeichen +, -, *, /, ↑ benutzt. Wie beim üblichen Rechnen geht auch in BASIC "Punktrechnung vor Strichrechnung" und "Hochrechnung vor Punktrechnung"; und es werden wie gewöhnlich Klammern gesetzt.
Wir schreiben also

```
PRINT (2.5↑2 + 1.8)/(9.3 - 6.7).
```

Da es in BASIC keine Bruchstriche gibt, muß man hier Klammern setzen.

Aufgaben

---

3. Übersetzen Sie folgende Rechenausdrücke (Terme) aus BASIC in die gewöhnliche Schreibweise

   a) 3*(5+7) b) 3*5 + 7 c) (2+5)/7 d) 2 + 5/7

   e) 2/4 + 5/10 f) 1/(3+5) g) 2 + 5↑3 h) (2+5)↑3

4. Übersetzen Sie folgende Terme in die BASIC-Schreibweise

   a) $\frac{1}{2} + \frac{1}{3} + \frac{1}{4}$ b) $15 \cdot (3{,}7 - 1{,}2)^2$ c) $\frac{12{,}5 \cdot 3}{7} + 1$

---

c) Ein einfaches Programm

Bisher haben wir die Berechnung von Flächeninhalt und Umfang des Rechtecks von Aufgabe 1 einzeln vorgenommen; sie lief in folgenden Schritten ab:

(1) Schreiben der Anweisung zur Flächenberechnung
(2) Ausführungsbefehl (RETURN-Taste)
(3) Schreiben der Anweisung zur Umfangsberechnung
(4) Ausführungsbefehl (RETURN-Taste).

Das heißt: der Ablauf dieser Rechnung wurde von uns, vom Benutzer gesteuert. Nun besteht aber die entscheidende Fähigkeit eines Computers gerade darin, daß die einzelnen Schritte einer Rechnung "automatisch", ohne Eingriff von außen ablaufen, wenn sie vorher in einem sogenannten Programm festgelegt und dem Rechner mitgeteilt worden sind. Man sagt, der Rechner werde durch das Programm gesteuert.

Ein Programm ist eine Folge von Anweisungen zur Durchführung einer Rechnung; wir setzen dabei die Fähigkeit des Rechners voraus, Anweisungen nacheinander ausführen zu können.

Ein Programm für die Rechteckaufgabe lautet in Deutsch:

(1) Berechne 22·18,5 und zeige das Ergebnis an
(2) Berechne 2·(22 + 18,5) und zeige das Ergebnis an
(3) Ende

und in BASIC:

```
10  PRINT 22*18.5
20  PRINT 2*(22 + 18.5)
30  END
```

Wir sehen: ein BASIC-Programm besteht aus sogenannten Programmzeilen, von denen jede mit einer Nummer beginnt; nach der Zeilennummer kommt ein (englisches) Wort, welches eine Anweisung an den Rechner bezeichnet.

Beim Abarbeiten des Programms beginnt der Rechner bei der Anweisung mit der niedrigsten Zeilennummer und fährt dann bei der Anweisung mit der nächsthöheren Zeilennummer fort. Wir benutzen die Nummern 10, 20, 30, ..., um eventuell später weitere Anweisungen einfügen zu können. -

Nun geben wir unser Programm über das Tastenfeld ein; nach Beendigung jeder Zeile drücken wir die RETURN-Taste: dies bewirkt wie bei einer Schreibmaschine "Zeilenvorschub" und "Wagenrücklauf" sowie Übernahme der soeben geschriebenen Zeile in den Arbeitsspeicher des Rechners.

Angenommen, wir haben uns vertippt (einen Fehler gemacht); zum Beispiel

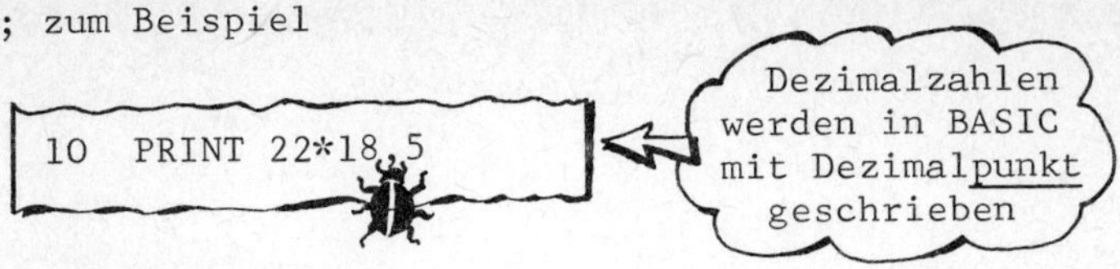

Dann ist es hier zunächst das beste, die ganze Zeile neu zu schreiben.

Nun ist die alte, fehlerhafte Zeile "vergessen": im Programmspeicher des Rechners steht die jeweils zuletzt geschriebene Zeile (zur gleichen Zeilennummer).
(Die neue Zeile kann sogleich, nachdem wir den Fehler entdeckt haben, oder erst am Schluß geschrieben werden: der Rechner fügt sie selbständig an der richtigen Stelle ins Programm ein.)

Um das vollständige Programm - nach Berücksichtigung aller Korrekturen - auf dem Bildschirm erscheinen zu lassen, schreiben wir das Kommando

LIST und drücken die RETURN-Taste.

Vor Schreiben eines neuen Programms ist es ratsam, den Programmspeicher zu löschen: dies geschieht durch Schreiben des Kommandos

NEW und Drücken der RETURN-Taste.

*

Nun soll das Programm endlich auf dem Rechner laufen. Wir schreiben den Ausführungsbefehl

RUN und drücken die RETURN-Taste.

Es können zwei Fälle eintreten:

- Auf dem Bildschirm erscheint eine **Fehlermeldung**, z.B.

```
RUN
? SYNTAX ERROR IN 20
READY
■
```

Das heißt: wir haben in Programmzeile 20 gegen eine Grammatik-Regel von BASIC verstoßen, etwa

```
20 PRINT 2(22 + 18.5)
```

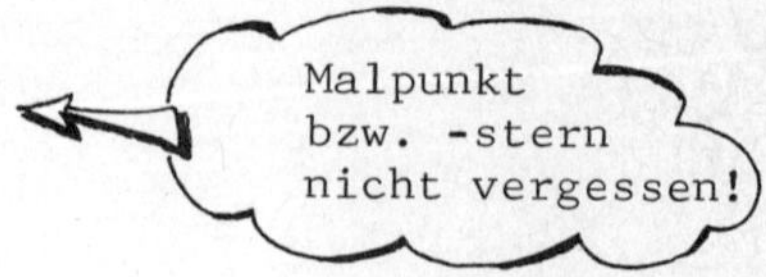

Wir schreiben Zeile 20 neu, drücken die RETURN-Taste, dann schreiben wir RUN und drücken wieder die RETURN-Taste.

- Auf dem Bildschirm erscheint

```
RUN
 407
 81
READY
■
```

Wie verlangt, hat der Rechner Flächeninhalt und Umfang des Rechtecks angezeigt.

<u>Aufgabe</u> 5. Schreiben Sie ein einfaches Programm wie das obige, welches Rauminhalt und Wandfläche (Türen und Fenster eingeschlossen) eines Zimmers mit den Maßen 5,50 m ; 3,60 m und 2,25 m berechnet.

1.2 Dateneingabe und Wertzuweisung

a) Dateneingabe bei laufendem Programm

Häufig möchte man eine Berechnung nicht nur für ganz spezielle Zahlenwerte durchführen: so wollen wir Flächeninhalt und Umfang nicht nur des einen Grundstücks von Aufgabe 1 erfahren, sondern von irgend einem Rechteck mit beliebig wählbaren Seitenlängen.

Aufgabe 6. Zu beliebig vorgegebener Länge a und Breite b eines Rechtecks sollen Flächeninhalt und Umfang durch den Computer bestimmt werden.

An einer solchen Aufgabe zeigen sich erst die Fähigkeiten eines programmgesteuerten Rechners: daß er nämlich an unterschiedlichen Daten jeweils die gleiche Rechnung vollziehen kann, und zwar so oft, wie der Benutzer will. Wie verwirklichen wir nun die Forderung "beliebig vorgegeben"?

Der Rechner muß die Möglichkeit besitzen, vom Benutzer gegebene Zahlen zu übernehmen, und zwar (in unserem Beispiel) Zahlen für die Länge und auch Zahlen für die Breite des Rechtecks.

Diesem Zweck dient die INPUT-Anweisung; wie sie funktioniert, zeigt folgendes Programm:

```
10  INPUT A
20  INPUT B
30  PRINT A*B
40  PRINT 2*(A + B)
50  END
```

Lassen wir es laufen! Der Bildschirm sieht dann so aus:

```
50  END
RUN
? ■
```

Auf dem Bildschirm erscheint ein Fragezeichen (und

der blinkende Cursor); dies ist eine Aufforderung des Rechners an uns, eine Zahl einzugeben.
Wir erfüllen ihm seinen Wunsch, d.h. wir tippen eine Zahl, zum Beispiel 43 , ein und drücken die RETURN-Taste. Jetzt erscheint ein zweites Fragezeichen: der Rechner will noch eine zweite Zahl wissen. Geben wir zum Beispiel 27 ein und drücken die RETURN-Taste, so sieht der Bildschirm wie folgt aus:

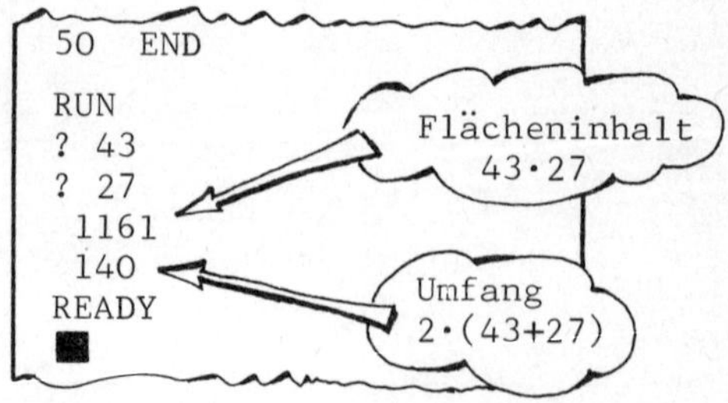

Was hat der Rechner nun eigentlich gemacht, d.h. wie wirkt die INPUT-Anweisung?
Bei Programmzeile 10 bleibt er zunächst stehen und fordert vom Benutzer eine Zahl an. Die eingegebene Zahl bringt er auf einen S p e i c h e r p l a t z namens A. Einen solchen Speicherplatz kann man sich als T a f e l vorstellen, auf welche die Zahl 47 geschrieben wurde:

A	47

Bei Zeile 20 unterbricht der Rechner wieder die Programmausführung und fragt nach einer weiteren Zahl (der Breite des Rechtecks); die vom Benutzer über Tasten eingegebene Zahl wird anschließend in einen Speicherplatz namens B geschrieben.
In Zeile 30 holt der Rechner die Zahl aus A und die aus B , multipliziert beide miteinander und zeigt das Ergebnis 1161 auf dem Bildschirm an; in Zeile 40 vollführt der die entsprechenden Tätigkeiten zur Berechnung des Umfangs.

Wollen wir die Rechnung für andere Rechtecke wiederholen, so starten wir das Programm mit RUN und durch Drücken der RETURN-Taste von neuem.

*

Das jeweils neue Starten des Programms ist etwas umständlich; vorteilhaft wäre es, wenn der Computer nach Beendigung einer Rechnung jeweils unaufgefordert wieder nach neuen Daten fragen würde. Wir benötigen also eine Anweisung, die den Rechner veranlaßt, *zum Programmanfang zurückzuspringen*. Hierzu dient die GOTO-Anweisung:

```
10 INPUT A,B
20 PRINT A*B
30 PRINT 2*(A + B)
40 GOTO 10
50 END
```

Dateneingabe für mehrere Variablen mittels Trennung durch Kommata

Der *Dialog* mit dem Rechner spielt sich wie folgt ab:

```
RUN
? 12 , 23
 276
 70
? ■
```

Eingabe der Daten mittels Trennung durch Kommata

Wenn wir den Rechner nicht durch einen Eingriff von außen anhalten, läuft das Programm endlos, da der Rechner immer zu Zeile 10 zurückkehrt. Um ihn aus dieser "unendlichen Schleife" herauszuholen, drücken wir nach dem Erscheinen des Fragezeichens die RETURN-Taste. Dann verläßt die Maschine das Programm und bleibt mit der Meldung READY stehen. (Eine andere Möglichkeit, Schleifen zu beenden, werden wir in Kapitel 2 kennenlernen.)

Aufgaben

7. Schreiben Sie ein Programm, welches den Wert der Terme

$$a(b+c) \quad \text{und} \quad \frac{a+b}{2b+c}$$

für beliebige Zahlen a,b,c $(2b+c \neq 0)$ berechnet.

8. Ein Programm zur Berechnung des arithmetischen Mittels

$$\frac{1}{5}(a_1+a_2+a_3+a_4+a_5)$$

für beliebige Zahlen a_1, a_2, a_3, a_4, a_5 ist gesucht.

9. Übersetzen Sie folgende BASIC-Ausdrücke in algebraische Schreibweise

a) (A - B)*C , b) A*B - C*D , c) (2*X+5*B)*X + C

d) A/B*C/D + E , e) A↑2 + 3*B , f) A↑B + C

g) A↑(B + C), h) 1/2*K , i) A↑B↑C

10. Wie lauten die zugehörigen BASIC-Ausdrücke?

a) $5s+t$, b) $2x^2+y^2$, c) $(x+y)^2$,

d) $\frac{r}{s}+\frac{u}{v}$, e) $2+\frac{1}{a+\frac{1}{b}}$, f) b^{x+1}

g) $\frac{2x^2-3x+5}{7x+1}$.

*

b) Wertzuweisung

Aufgabe 11. Ein Betrag von K_o = 1000 DM wird zu p% Jahreszinsen auf die Sparkasse gelegt. Welches Endkapital ergibt sich nach einer Laufzeit von n = 1,2,...,10 Jahren?

Zunächst soll der Zinssatz (z.B. 4% pro anno) fest gegeben sein, und die Laufzeit soll nacheinander die Werte 1 bis 10 annehmen: dazu benutzen wir die INPUT-Anweisung.
Es wäre aber ungeschickt, jedes Mal auch p = 4 über INPUT neu einzutasten. Eine bessere Möglichkeit besteht darin, den Wert 4 in einen Speicherplatz fest einzuschreiben.
Hierfür existiert eine besondere Anweisung, die sogenannte Wertzuweisung. Sie lautet ausführlich:
"Bringe auf den Speicherplatz namens P die Zahl 4".

Bildlich: 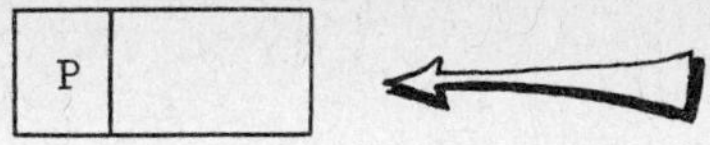

4

beziehungsweise in Zeichen: P := 4

Man liest:

"Belege P mit 4" oder

<u>"Für P setze 4"</u>

und schreibt in BASIC:

```
LET P = 4
```

Wörtlich übersetzt: "Laß P den Wert 4 annehmen".

Die BASIC-Schreibweise mittels Gleichheitszeichen ist etwas mißverständlich: es handelt sich n i c h t um eine mathematische Gleichung.

<u>Merke</u>:

Im Zusammenhang mit dem Schlüsselwort LET hat " = " nicht die Bedeutung eines Gleichheitszeichens, sondern ist das Zeichen für die Wertzuweisung.

Damit können wir Aufgabe 11 unmittelbar in ein Programm übersetzen, wenn wir die bekannte Formel

$$K = K_o(1+\frac{p}{100})^n \qquad \text{bzw.} \qquad K = 1000\cdot 1{,}04^n$$

anwenden. Speicherplätze können auch in der Form A0 , A1 , ... , B0 , B1 , ... , K0, ... bezeichnet werden.

```
10  LET K0 = 1000
20  LET P = 4
30  INPUT N
40  LET K = K0*(1 + P/100)↑N
50  PRINT K
60  GOTO 30
70  END
```

Der Dialog spielt sich wie folgt ab:

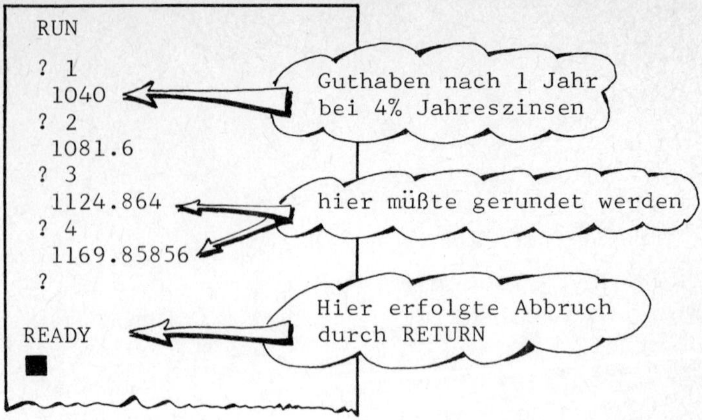

Wollen wir das Guthaben bei einem anderen Zinssatz, z.B. 5% in Erfahrung bringen, so ändern wir einfach Programmzeile 20 ab:

```
20 LET P = 5
```

Wir können natürlich auch einen anderen Wert für KO setzen, d.h. ein anderes Anfangskapital vorgeben.

Aufgabe 12. Bei welchem Zinssatz wachsen 1500 DM in sechs Jahren auf 2128 DM? Suchen Sie die Frage durch Probieren am Rechner (Zinssatz über INPUT eingeben und variieren) zu beantworten.

---

*

Um die Wertzuweisung besser zu verstehen, beschäftigen wir uns mit

---

Aufgabe 13. Wie kann man den Inhalt der Speicherplätze A und B v e r t a u s c h e n, d.h. der Inhalt von A soll nach B, und der von B soll nach A gebracht werden?

Die Anweisung

```
LET A = B
```

(wörtlich: "Laß A den Inhalt von B annehmen")

gelesen: "Belege A mit (dem Inhalt von) B"

oder kurz: <u>"Für A setze B"</u>

bewirkt folgendes:

1. Der Inhalt von B wird in den Speicherplatz A eingeschrieben,
2. der frühere Inhalt von A wird gelöscht,
3. der Inhalt von B bleibt erhalten.

Das Nächstliegende zur Lösung unserer Aufgabe scheint:

```
30  LET A = B
40  LET B = A
```

.

Damit würden wir aber keinen Erfolg haben: der Inhalt von A wäre verloren (er ist ja - siehe oben - durch den Inhalt von B "überschrieben" worden).
Um den Inhalt von A zu retten, bringen wir in vorweg auf einen "Abstellplatz", ein Hilfsregister H mittels folgender Anweisungen:

1. H := A , d.h. belege H mit (dem Inhalt von) A
2. A := B , d.h. belege A mit (dem Inhalt von) B
3. B := H , d.h. belege B mit (dem Inhalt von) H.

In BASIC:

```
30  LET H = A
40  LET A = B
50  LET B = H
```

... und bildlich:

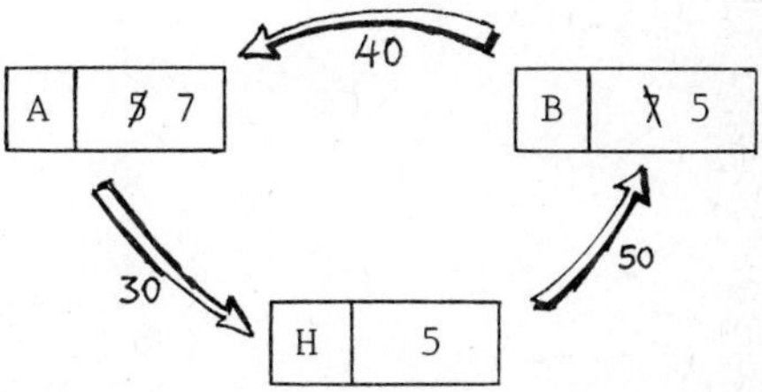

Mittels der folgenden Tabelle, welche die Inhalte der Speicherplätze A, B, H angibt, läßt sich der Vorgang (genannt: "Dreieckstausch") verfolgen:

Schritt	A	B	H
	5	7	?
30	5	7	5
40	7	7	5
50	7	5	5 .

Die Vertauschungsaufgabe 13 läßt sich aber auch ohne Benutzung eines Hilfsregisters H wie folgt lösen:

A := A + B
B := A - B
A := A - B

bzw.

```
30 LET A = A + B
40 LET B = A - B
50 LET A = A - B
```
.

Dabei bedeutet die Anweisung

A := A + B bzw. LET A = A + B

"Addiere die Inhalte von A und B und schreibe das Ergebnis in A".

Der Wertzuweisung geht hier also eine Berechnung (eine Addition) voraus.

Verfolgen wir den Vorgang wieder mittels einer Tabelle:

Schritt	A	B
	5	7
30	12	7
40	12	5
50	7	5

Unterschied zur Mathematik (Algebra):

Bei einer mathematischen Aussage(form) steht A für die gleiche Zahl (links und rechts).

Bei einer Anweisung A := A + B bzw. LET A = A + B dagegen kann A verschiedene Inhalte besitzen (rechts: vor, links nach der Berechnung).

nach-her

vor-her

Aufgaben

14. Welchen Inhalt haben die Speicherplätze A bis H nach Ausführung folgender Anweisungen:

    A := 1 , B := 2 , C := 3 , D := A , E := B ,

    F := C , G := D , H := E ?

15. Versuchen Sie - und zwar **ohne** Benutzung des Rechners - herauszubekommen, was dieser nach Ausführung des folgenden Programms auf dem Bildschirm anzeigt:

```
10  LET S = 0
20  LET K = 1
30  LET S = S + K
40  LET K = K + 2
50  LET S = S + K
60  LET S = 1/S
70  PRINT S
80  END
```

16. Es ist ein Programmausschnitt gesucht, welcher bewirkt, daß der Inhalt des Speicherplatzes A nach B , der von B nach C und der von C nach A kommt.
    (Man sagt: die Inhalte von A , B , C werden **zyklisch** vertauscht.)

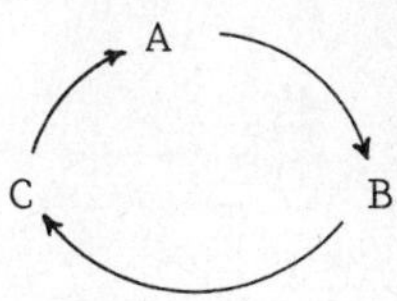

Mit zwei Hilfsregistern geht die Aufgabe leicht; versuchen Sie, mit **einem** Hilfsregister oder mit **gar keinem** auszukommen!

17. Der Rechner meldet SYNTAX ERROR bei

    LET 4 = A  und bei LET X + Y = X .

    Warum?

„Die Computer-Diagnose ergab leider, daß es sich nicht um eine Schwangerschaft handelt, sondern um Übergewicht."

1.3 Bildschirmtext und Programmkommentar

a) Der Rechner lernt sprechen

Wir wollen den PET etwas mitteilsamer machen, d.h. er soll nicht mehr nur die nackten Zahlen auf dem Bildschirm anzeigen, sondern auch dazu sagen, was diese Zahlen jeweils *bedeuten*. Bei der Dateneingabe soll nicht - wie bisher - kommentarlos ein Fragezeichen erscheinen, sondern der Rechner soll uns sagen, *welche* Daten er jeweils anfordert. Das Rechtecksprogramm (Aufgabe 1 und 6) sieht dann wie folgt aus:

```
 10  INPUT "LAENGE "; A
 20  INPUT "BREITE "; B
 30  LET F = A*B
 40  LET U = 2*(A + B)
 50  PRINT
 60  PRINT "FLAECHENINHALT: "; F
 70  PRINT "UMFANG: "; U
 80  PRINT : PRINT
 90  GOTO 10
100  END
```

(zu Zeile 80:) erzeugt einen Zwischenraum

Dialog:

```
RUN

LAENGE? 117
BREITE? 58

FLAECHENINHALT: 6786
UMFANG: 350

LAENGE?
```

Wollen wir einen Text auf dem Bildschirm *wörtlich wiedergeben* lassen, setzen wir ihn hinter der PRINT-Anweisung zwischen *Anführungszeichen* (Zeilen 60 und 70); analog bei der INPUT-Anweisung, wenn auf dem Bildschirm eine Frage erscheinen soll, welche Daten jetzt eingegeben werden sollen (Zeilen 10 und 20).
Nach Ausführung einer PRINT-Anweisung erfolgt Wagenrücklauf und Zeilenvorschub; die nackte PRINT-Anweisung (Zeile 50)

erzeugt eine L e e r z e i l e .
Das S e m i k o l o n in einer PRINT-Anweisung bewirkt, daß Zeilenvorschub und Wagenrücklauf unterdrückt werden (Zeilen 60 und 70), d.h. es wird in der gleichen Zeile ohne Zwischenraum weitergeschrieben.
Jede zehnte Druckposition des Bildschirms ist intern im Computer vortabuliert. Das K o m m a nach einer PRINT-Anweisung hat zur Folge, daß in die nächste vortabulierte Position geschrieben wird.

Beispiel:

```
55 PRINT "LAENGE: "; A , "BREITE: "; B
```

bewirkt

```
LAENGE: 117          BREITE: 58
```

Der D o p p e l p u n k t trennt Anweisungen, die in der gleichen Programmzeile stehen; in Zeile 80 werden also zwei Leerzeilen erzeugt.

A u f g a b e n

18. Schreiben Sie das Programm zu Aufgabe 8 (arithmetisches Mittel) so um, daß der Rechner nach dem 1.,2.,... Wert fragt und das Ergebnis mit der Erläuterung "Mittelwert" versieht.

19. Das Programm der Aufgabe 11 (Seite 16) ist so umzuschreiben, daß der Rechner bei der Dateneingabe nach der Laufzeit fragt und das Ergebnis mit dem Text " ... DM wachsen bei ... Prozent Jahreszinsen in ... Jahren auf ... DM an" anzeigt.

b) Übersichtliche Gliederung und Kommentierung des Programms

Nicht nur wünscht der Benutzer eines Programms Auskunft über die Bedeutung der ein- und ausgegebenen Daten, sondern es möchte der Leser eines Programms gerne wissen, welchen Zweck die einzelnen Anweisungen haben; außerdem soll ein Programm gut gegliedert, d.h. übersichtlich sein.

Aufgabe 20. Ein Kunde hat drei Artikel in unterschiedlichen Mengen gekauft und muß nun eine Rechnung ausgestellt bekommen. Diese soll folgende Angaben enthalten: Name des Kunden, Artikelbezeichnung, gelieferte Menge, Stückpreis und Gesamtpreis für jeden Artikel sowie den gesamten Rechnungsbetrag.

Als Daten treten hier neben Zahlen auch Namen (Kundenname, Artikelbezeichnungen) auf; für sie muß eine besondere Art von Speicherplätzen vorgesehen werden. Speicherplätze für solche Zeichenketten (engl.: strings) werden in BASIC mit einem zusätzlichen Dollarzeichen gekennzeichnet: A$, B$, C$, ..., A0$, A1$, A2$, A3$, ...

„Er sagt, er hätte jetzt Feierabend . . .“

```
10  REM     ** RECHNUNG SCHREIBEN **
20  :
30  REM      * EINGABE *
40  :
50  INPUT "KUNDENNAME "; K$
60  PRINT "1.ARTIKEL, ANZAHL, STUECKPREIS"
70  INPUT A1$ , N1 , P1
80  PRINT "2.ARTIKEL, ANZAHL, STUECKPREIS"
90  INPUT A2$ , N2 , P2
100 PRINT "3.ARTIKEL, ANZAHL, STUECKPREIS"
110 INPUT A3$ , N3 , P3
120 :
130 REM      * BERECHNUNGEN *
140 :
150 LET B1 = N1*P1 : LET B2 = N2*P2 : LET B3 = N3*P3
160 LET B = B1 + B2 + B3
170 :
180 REM      * AUSGABE *
190 :
200 PRINT "RECHNUNG FUER HERRN/FRAU "; K$
210 PRINT
220 PRINT "ARTIKEL","ANZAHL","STUECKPREIS","BETRAG DM"
230 PRINT "-------------------------------------------"
240 PRINT A1$ , N1 , P1 , B1
250 PRINT A2$ , N2 , P2 , B2
260 PRINT A3$ , N3 , P3 , B3
270 PRINT
280 PRINT "GESAMT-RECHNUNGSBETRAG: "; B ; "DM"
```

Dialog:

```
RUN

KUNDENNAME? GERHARD GOESEBRECHT
1.ARTIKEL, ANZAHL, STUECKPREIS
? ORDNER, 6, 4.60
2.ARTIKEL, ANZAHL, STUECKPREIS
? LINEALE, 3, 1.20
3.ARTIKEL, ANZAHL, STUECKPREIS
? KUVERTS, 500, 0.02

RECHNUNG FUER HERRN/FRAU GERHARD GOESEBRECHT

ARTIKEL   ANZAHL    STUECKPREIS     BETRAG DM
---------------------------------------------
ORDNER    6         4.60            27.60
LINEALE   3         1.20             3.60
KUVERTS   500       0.02            10.00

GESAMT-RECHNUNGSBETRAG: 41.20 DM
```

Die Anweisung mit den Schlüsselwort REM (von engl. remark = Bemerkung) hat den Zweck, dem Leser eines Programms gewisse Anweisungen oder Programmteile zu erläutern; auf den Programmablauf hat sie keinen Einfluß: was hinter REM steht, "überliest" der Rechner, d.h. er übersetzt es nicht ins Maschinenprogramm.
Die Doppelpunkte (in Zeile 20, 40 etc.) dienen der Gliederung des Programms.
Die Eingabe (Zeilen 50 bis 110) erfolgt noch sehr umständlich; in Kapitel 2 werden wir hierfür bessere Methoden kennenlernen.

Aufgaben

21. Es soll ein - gut kommentiertes und gegliedertes - Programm erstellt werden, das zu einer gegebenen Person und ihrem Geburts- und Todesjahr das erreichte Lebensalter in der Form: "XYZ wurde ... Jahre alt" ausgibt.

22. In einem Sparschwein befinden sich p Pfennige, z Zweipfennigstücke, f Fünfpfennigstücke, g Groschen, h Fünfziger, m Markstücke, d Zweimarkstücke und r Fünfmarkstücke.
Schreiben Sie ein Programm, welches den Inhalt des Schweins in DM ausdrückt; Text: "Das Sparschwein enthält ... DM". Die Eingabe soll über INPUT mit Frage erfolgen.

23. Wieviel Büchsen Farbe werden benötigt, um eine oben offene Wassertonne innen und außen zu streichen, die 1,20 m hoch ist und einen Durchmesser von 80 cm hat, wenn eine Büchse Farbe für 2,5 m^2 Fläche reicht?
Auf dem Bildschirm soll die Antwort: "Es werden ... Büchsen Farbe benötigt" erscheinen.

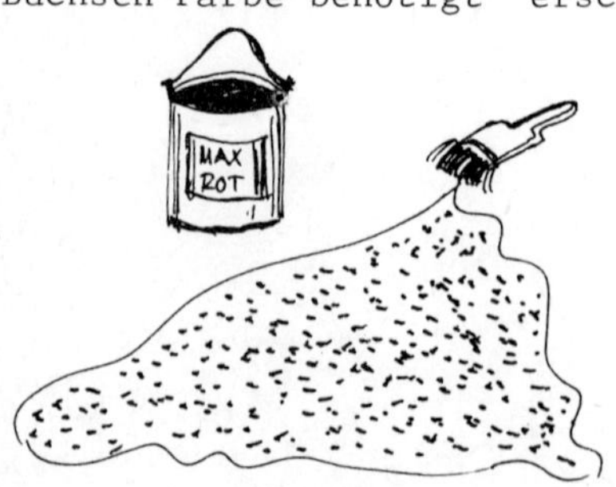

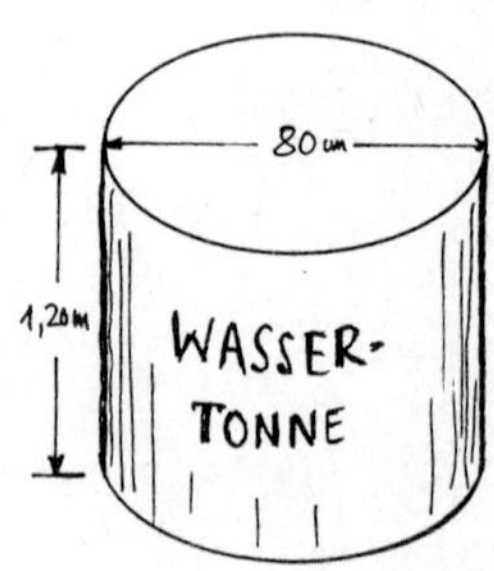

2. Entscheidung und Wiederholung

Unsere bisher entworfenen Programme waren sehr *einfach* in folgendem Sinne: der Rechengang lief sozusagen *geradlinig* ab. Häufig jedoch kommen Probleme vor, wo sich im Verlauf der Rechnung die Notwendigkeit zu einer *Entscheidung* stellt, wo sich der Rechenweg *verzweigt*. Hierfür sind sogenannte *Entscheidungs-Anweisungen* erforderlich.

2.1 Entscheidung bei einfacher Bedingung

Zunächst wollen wir wieder ein ganz einfaches Problem durch den Computer lösen lassen.

Aufgabe 1. Zu zwei gegebenen Zahlen soll die jeweils größere angezeigt werden.

Das Verfahren zur Lösung dieser Aufgabe auf dem Rechner läßt sich wie folgt beschreiben

```
Eingabe  a , b
Wenn  a größer als  b
        dann  setze  m := a
        sonst setze  m := b
Ausgabe  m
Ende
```

Dabei wird vorausgesetzt, daß der Rechner einen Vergleich ("a größer als b") durchführen kann.
Das Entscheidende ist hier jedoch, daß auf dem Rechner eine Anweisung der Gestalt

WENN ... DANN ... SONST ...

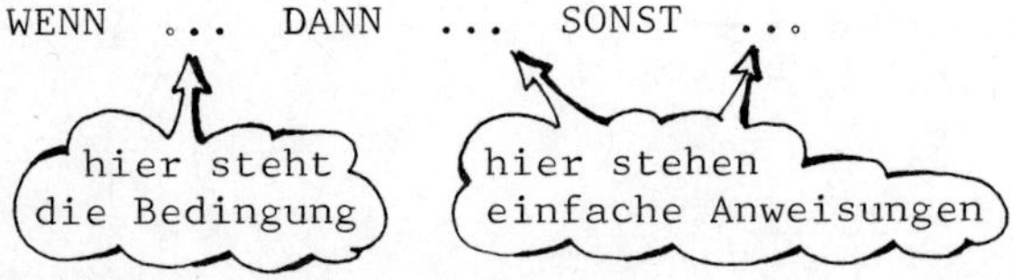

existiert; sie heißt Entscheidungs-Anweisung.
Um sie zu realisieren, benutzt man in BASIC die IF-THEN-Anweisung; wie sie funktioniert, zeigt folgendes Programm:

```
 10  REM   * MAXIMUM ZWEIER ZAHLEN *
 20  :
 30  PRINT "GEBEN SIE DIE ZAHLEN EIN!"
 40  PRINT
 50  INPUT "ERSTE ZAHL "; A
 60  INPUT "ZWEITE ZAHL "; B
 70  :
 80  IF A > B  THEN LET M = A : GOTO 110
 90     LET M = B
100  :
110  PRINT "MAXIMUM: "; M
120  END
```

Dialog:

```
RUN
GEBEN SIE DIE ZAHLEN EIN!
ERSTE ZAHL ? 5
ZWEITE ZAHL ? 2
MAXIMUM: 5
READY
■
```

Entscheidend sind offenbar die Programmzeilen 80 , 90:

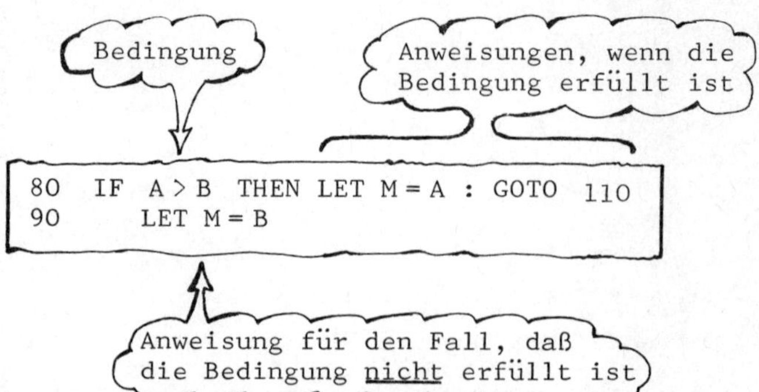

Für die IF-THEN-Anweisung in BASIC gilt also folgendes:

> Wenn die Bedingung erfüllt ist
> dann fahre mit der Anweisung hinter THEN fort
> sonst fahre mit der Anweisung in der nächsten Programmzeile fort

Zuweilen kommt es vor, daß die Anweisung für den Fall "Bedingung erfüllt" zu lang ist, d.h. nicht mehr in die Zeile hinter THEN hineinpaßt. Dann setzt man sie in eine (oder mehrere) eigene Programmzeile(n) und schreibt hinter THEN nur deren Zeilennummer. Beispiel:

```
 80  IF  A > B  THEN 100
 90    LET M = B : GOTO 110
100    LET M = A
110  PRINT "MAXIMUM: "; M
120  END
```

Die GOTO-Anweisung in Zeile 90 darf nicht vergessen werden: fehlt sie, so führt der Rechner auch die Anweisung LET M = A und gibt in jedem Fall den Inhalt von A als Maximum aus.

Kritische Bemerkung zur Sprache BASIC:

Die Programmierung der Entscheidungs-Anweisung ist in BASIC etwas umständlich. Die Notwendigkeit des GOTO in Zeile 90 oben gibt gern Anlaß zu Fehlern.

Es gibt jedoch auch BASIC-Dialekte mit der Anweisung IF ... THEN ... ELSE ..., was genau unserem Wenn ... dann ... sonst ... entspricht.-

Wegen des Sprunges (in obigem Programm von Zeile 80 zu Zeile 110) unter einer Bedingung (oben: "wenn a > b") heißt die Entscheidungs-Anweisung auch "bedingter Sprung"; man spricht auch von "Auswahl" oder von "Verzweigung".

*

Die **B e d i n g u n g** der Entscheidungs-Anweisung hat die Form eines **V e r g l e i c h s**; dabei werden die Zeichen

```
=  (gleich) ,   >  (größer als) ,   <  (kleiner als)

=>  bzw.  >=  (größer oder gleich)
<=  bzw.  =<  (kleiner oder gleich)
<>  bzw.  ><  (ungleich)
```

benutzt.

Es können sowohl Zahlen als auch Zeichenketten (Wörter) miteinander verglichen werden; letztere hinsichtlich der sogenannten lexikographischen Anordnung (hier gilt z.B. "Gasthof" < "Gustav").

Aufgaben

---

2. Das Programm MAXIMUM ZWEIER ZAHLEN soll so abgeändert werden, daß der Text "Ihre Zahlen sind gleich" erscheint, wenn die beiden eingegebenen Zahlen übereinstimmen.

3. In Aufgabe 7 sollte der arithmetische Ausdruck $\frac{a+b}{2b+c}$ für verschiedene Eingaben berechnet werden.
   Wenn aber z.B. b := 1 und c := -2 gesetzt wird, so kommt die Fehlermeldung DIVISION BY ZERO ERROR, und der Benutzer "fliegt aus dem Programm".
   Man ändere das Programm so ab, daß bei einer Eingabe, welche ein Verschwinden des Nenners bewirkt, auf dem Bildschirm die Meldung "Der Nenner ist Null" kommt, und das Programm zum Beginn zurückkehrt.

4. Eine Entscheidungs-Anweisung hat in der Regel die Form: "Wenn ... dann ... sonst ..."; jedoch kann unter Umständen der Sonst-Teil auch entfallen.

   Vergleichen Sie die beiden folgenden Verfahren und übersetzen Sie sie in BASIC!

```
Eingabe  a
Wenn  a < 0
      dann  b := -a
      sonst b := a
Ausgabe b
Ende
```

```
Eingabe  a
Wenn  a < 0
      dann  a := -a
Ausgabe  a
Ende
```

5. Drei eingegebene Worte (Namen) sollen in alphabetischer Reihenfolge geordnet ("sortiert") werden.

6. Die Gleichung einer Geraden und die Koordinaten eines Punktes sind gegeben. Ein Programm ist zu schreiben, welches prüft, ob der Punkt auf der Geraden liegt (und einen entsprechenden Text ausgibt).

Die Bedingung einer Entscheidungs-Anweisung kann auch im Vergleich von Zeichenketten bestehen: dies macht es möglich, in einem Programm gezielt auf Wünsche des Benutzers einzugehen.

Zunächst ein triviales Beispiel:

```
 10  PRINT "PROGRAMMIEREN SIE GERN "
 20  INPUT A$
 30  IF A$ = "JA" THEN 90
 40     IF A$ = "NEIN" THEN 70
 50        PRINT "KEINE EINDEUTIGE ANTWORT"
 60        GOTO 100
 70     PRINT "DURCHHALTEN! SIE LERNEN ES NOCH"
 80     GOTO 100
 90  PRINT "FASZINIEREND, NICHT WAHR?"
100  END
```

Dialog:

```
RUN

PROGRAMMIEREN SIE GERN?
FASZINIEREND, NICHT WAHR?

READY
■
```

Aufgaben

7. Es soll die Folge der Zahlen

   1 , 1 , 2 , 3 , 5 , 8 , 13 , 21 , ...

   bei der ein Glied der Folge aus den zwei vorangegangenen durch Addition erzeugt wird, ausgegeben werden. Mittels der Frage: "Wünschen Sie eine weitere Zahl der Folge?" soll der Benutzer entscheiden können, ob der Vorgang fortgesetzt wird oder nicht.

8. Anwachsen eines Sparguthabens von Jahr zu Jahr: der Benutzer soll Anfangsguthaben und Zinssatz eingeben und dann von Jahr zu Jahr entscheiden, ob das bis dahin angewachsene Kapital angezeigt wird oder das Programm endet.

9. Ein Programm ist zu schreiben, das von drei eingegebenen Zahlen die größte ausgibt.

10. Es soll ein einfaches Programm LOHNLISTE folgender Art erstellt werden. Eingabe: S = Anzahl gearbeiteter Stunden einer Woche, L = Stundenlohn. Für jede über 40 Stunden pro Woche gearbeitete Stunde soll ein halber Stundenlohn zugeschlagen werden.

2.2 Entscheidung bei zusammengesetzter Bedingung

Aufgabe 11. Trimmsportler gehören beim Volkslauf der sogenannten Seniorenklasse I an, wenn sie zwischen 32 und 40 Jahren (einschließlich) alt sind.
Ein Programm ist zu schreiben, das bei Eingabe des Geburtsjahres feststellt, ob der Sportler zur Seniorenklasse I gehört oder nicht (Bezugsjahr 1980).

Verfahren:

```
Eingabe  Name  N$  und Geburtsjahr  G
A := 1980 - G
Wenn  32 ≦ A  und  A ≦ 40
      dann  drucke: N$ gehört zur Seniorenklasse I
      sonst drucke: N$ gehört nicht zur Seniorenklasse
```

Die Aussageform "Wenn $32 \leqq A$ und $A \leqq 40$" heißt zusammengesetzte Bedingung, weil sie aus den beiden "einfachen" Bedingungen "$32 \leqq A$" , "$A \leqq 40$" durch die logische Verknüpfung und zusammengesetzt wurde.
Sie kann durch zwei hintereinandergesetzte Entscheidungsanweisungen wie folgt realisiert werden:

```
Wenn  A < 32
      dann  drucke:  N$ gehört nicht zur
                     Seniorenklasse I
      sonst wenn  A > 40
                  dann drucke: N$ gehört nicht
                               zur Seniorenklasse I
                  sonst drucke: N$ gehört zur
                                Seniorenklasse I
```

Aufgabe . Übersetzen Sie obiges Verfahren in BASIC! ■

Es geht aber noch einfacher. In BASIC gibt es die Möglichkeit, unmittelbar zusammengesetzte Bedingungen zu formulieren: hierfür dienen die "logischen Operatoren"

AND , OR und NOT , deren Bedeutung ohne weiteres verständlich sein dürfte. Das sieht dann wie folgt aus:

```
 10  REM   ** ALTERSKLASSENBESTIMMUNG  **
 20  REM   * ZUSAMMENGESETZTE BEDINGUNG *
 30  :
 40  INPUT "NAME "; N$
 50  INPUT "GEBURTSJAHR "; G
 60  INPUT "BEZUGSJAHR "; J
 70  :
 80  LET A = J - G
 90  :
100  IF 32 <= A  AND  A <= 40  THEN 120
110     PRINT N$ ; " GEHOERT NICHT ZUR SENIORENKL.I": END
120  PRINT N$ ; " GEHOERT ZUR SENIORENKLASSE I ": END
```

*

Es lassen sich auch m e h r a l s z w e i einfache Bedingungen zu einer zusammengesetzten Bedingung vereinen.

Aufgabe 12. Zu einem eingegebenen Buchstaben soll der Rechner angeben, ob dieser ein V o k a l ist oder nicht.

Das einzuschlagende Verfahren läßt sich wie folgt schildern:

Eingabe Buchstabe B$
Wenn B$=A oder B$=E oder B$=I oder B$=O oder B$=U
    dann drucke: B$ ist ein Vokal
    sonst drucke: B$ ist kein Vokal

In BASIC:

```
10 REM       *VOKALTEST *
20 :
30 INPUT "WIE LAUTET DER BUCHSTABE "; B$
40 :
50 IF B$=A OR B$=E OR B$=I OR B$=O OR B$=U  THEN 70
60    PRINT B$; " IST KEIN VOKAL" : END
70 PRINT B$; " IST EIN VOKAL" : END
```

13. Eine Sparkasse führt einen "Tag der offenen Tür" durch. Hierbei soll den Besuchern Gelegenheit gegeben werden, sich an einem cbm 3032 Auskunft darüber zu holen, auf welchen Betrag ein Sparguthaben bei einer gegebenen Laufzeit (zwischen 1 und 15 Jahren) anwachsen wird. Das Anfangskapital ist unbeschränkt, der Zinssatz p ist folgendermaßen nach Laufzeit n (in Jahren) gestaffelt:

$$\text{Jahreszinssatz} \quad p = \begin{cases} 4{,}5\% & \text{bei} \quad n \leqq 4 \\ 6\% & \text{bei} \quad 4 < n \leqq 9 \\ 7{,}5\% & \text{bei} \quad 9 < n \end{cases}$$

Sie sind von der Sparkasse engagiert worden, um ein geeignetes Programm zu schreiben!

14. Im Postgebührenheft der Deutschen Bundespost werden Standardbriefe wie folgt definiert:

I. Gewicht bis 20 g ,

II. Länge zwischen 14cm und 23,5 cm ,

III. Breite zwischen 9 cm und 12 cm ,

IV. Höhe bis 0,5 cm ,

V. Länge mindestens das 1,41-fache der Breite.

Schreiben Sie ein Programm, das überprüft, ob ein Brief mit gegebenen Abmessungen und Gewicht ein Standardbrief ist.

a) Berücksichtigen Sie zuerst nur die Bedingungen II und III.

b) Zusätzlich soll Bedingung V berücksichtigt werden.

c) Alle Bedingungen sind zu berücksichtigen.

2.3 Wiederholungs-Anweisungen

Aufgabe 15. Es sollen die natürlichen Zahlen von 1 bis 100 nacheinander gedruckt werden.

Der Rechner soll also die Anweisungen

Drucke 1 , Drucke 2 , ..., Drucke 99 , Drucke 100

ausführen. Können wir dies in möglichst kurzer Form ausdrücken? -
Wir benutzen dazu einen Speicherplatz k und sagen:

Drucke (den Inhalt von) k
Erhöhe (den Inhalt von) k um 1 .

Diese beiden Anweisungen sollen wiederholt werden, solange die Bedingung $k \leqq 100$ erfüllt ist.
Wir schreiben dafür kurz:

```
Setze  k := 1
Solange  k ≦ 100  wiederhole
      Drucke  k
      Erhöhe  k  um  1
Ende
```

Das heißt:

```
1  Setze  k := 1
2  Wenn  k ≦ 100
        dann  Drucke  k
              Setze  k := k+1
              Fahre mit  2  fort
        sonst Ende
```

Eine Anweisung der Form

SOLANGE ... WIEDERHOLE ...

heißt (bedingte) Wiederholung; da das Erfülltsein der Bedingung (hier: "k $\leq$ 100") das A u s f ü h r e n (hier: Weiterzählen und -drucken) veranlaßt, spricht man von einer Wiederholungsanweisung mit Ausführungsbedingung.

In BASIC gibt es keine Anweisung "Wiederhole ..."; wir müssen das etwas umständlichere Verfahren mit der Entscheidungsanweisung übertragen:

```
10  REM    * ZAEHLPROGRAMM 1 *
20  :
30  LET K = 1
40  IF K <= 100 THEN PRINT K; : LET K = K + 1 : GOTO 40
50  END
```

Wir können das Zählverfahren auch in folgender Gestalt aufschreiben:

```
Setze  k := 1
Wiederhole
       Drucke  k
       Setze  k := k + 1
bis  k > 100
Ende
```

Das heißt:

```
1  Setze  k := 1
2  Drucke k
3  Setze  k := k + 1
4  Wenn  k > 100
         dann  Ende
         sonst Fahre mit  2  fort
```

Bei der Anweisung

bewirkt das Erfülltsein der Bedingung (hier: "k > 100") das *Abbrechen* des Zählens und Druckens (d.h. das Aufhören damit); man spricht jetzt von einer Wiederholungs-Anweisung mit <u>Abbruchbedingung</u>.
Die Übertragung in BASIC liest sich wie folgt:

```
10  REM    * ZAEHLPROGRAMM 2 *
20  :
30  LET K = 1
40  PRINT K; : LET K = K + 1
50  IF  K > 100 THEN END
60    GOTO 40
```

Aufgaben

16. Es sollen die Zahlen

    2 , 5 , 8 , 11 , ..., 101

    nacheinander gedruckt werden.

17. Die Folge der Zahlen

    1 , 2 , 4 , 8 , 16 , ...

    bis zur 20-ten ist gesucht.

18. Die ersten 30 Quadratzahlen

    1 , 4 , 9 , 16 , ...

    sind auszugeben.

19. Die Summe der natürlichen Zahlen von 1 bis 100 ist gesucht.

Wiederholungs-Anweisungen mit Abbruchbedingung bzw. mit Ausführungsbedingung sind sehr nützlich zur Dateneingabe, zum Beispiel bei der Berechnung eines Mittelwerts.

Aufgabe 20. Zu gegebenen Zahlen $x_1, x_2, \ldots, x_n$ soll das arithmetische Mittel berechnet werden.

Nicht immer ist die Anzahl n der Werte vorweg bequem zu ermitteln; wir helfen uns damit, daß wir als letzte Zahl (z.B.) 999 eingeben, damit der Rechner weiß, daß die Dateneingabe beendet ist.

Verfahren:

```
Setze  k := 0 , s := 0
Eingabe  x {erster Wert}
Solange  x ≠ 999  wiederhole
     Eingabe  x
     Setze  s := s + x
     Setze  k := k + 1
Setze  m := s/k
Ausgabe  m
Ende
```

In BASIC:

```
10  PRINT "MITTELWERT-PROGRAMM"
20  PRINT "NACH DEM LETZTEN WERT 999 EINGEBEN"
30  PRINT
40  LET K = 0 :  LET S = 0
50  INPUT "NAECHSTE ZAHL "; X
60  IF X = 999  THEN PRINT S/K : END
70     LET S = S + X : LET K = K + 1 : GOTO 50
80  END
```

Aufgaben

---

21. Schreiben Sie ein Programm, mit dem man feststellen kann, nach wieviel Jahren sich ein Sparguthaben bei gegebenem Zinssatz verdoppelt hat.

22. Die globalen Erdgasvorräte betragen vermutlich etwa 230 000 Milliarden Kubikmeter; der Jahresverbrauch beträgt gegenwärtig (1979) etwa 1 500 Milliarden Kubikmeter. Wie lange reicht der Vorrat bei 4% (5%, 6%) jährlicher Verbrauchssteigerung? Schreiben Sie ein geeigentes Programm!

23. Bevölkerung A beträgt zur Zeit 60 Millionen und nimmt jährlich um 0,5% ab; Bevölkerung B beträgt zur Zeit 4 Millionen und nimmt jährlich um 2,5% zu. In wieviel Jahren hat Bevölkerung B

a) 10% von Bevölkerung A erreicht,

b) 50% von Bevölkerung A erreicht,

c) Bevölkerung A überholt?

Schreiben Sie ein Programm!

24. Es sollen vom Rechner Zahlenfolgen gedruckt werden (bis zum 50. Glied):

a) alle Vielfachen von a

b) $x_{n+1} = x_n + x_{n-1}$, $x_o = x_1 = 1$ (vgl. Aufg.7)

c) $x_{n+1} = (q - sx_n)x_n$ für unterschiedliche q , s und Anfangswerte x_o

d) die Folge 1 , 2 , 3 , 6 , 7 , 14 , 15 , 30 , 31 , ... (wie lautet das Bildungsgesetz?).

25. Schreiben Sie ein Programm, welches alle Paare (a,b) druckt, wobei $a , b \in \{1,2,3,4,5,6,7,8,9,10\}$.

26. Wie Aufgabe 25, aber es soll zusätzlich $a < b$ gelten.

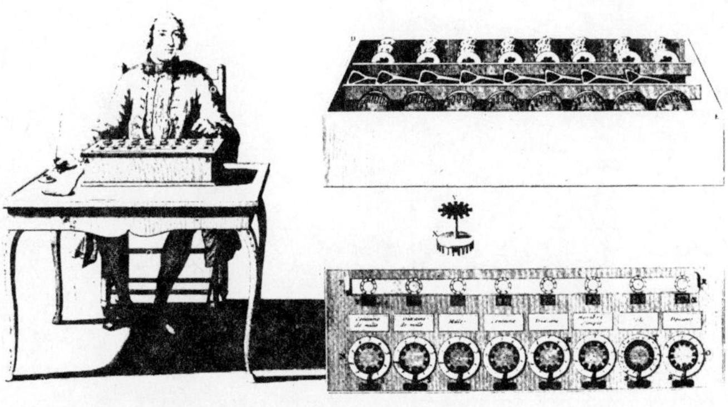

Blaise Pascal und seine Rechenmaschine

2.4 G e z ä h l t e W i e d e r h o l u n g (Zählschleife, Laufanweisung)

Häufig ist bei einer Wiederholungsanweisung die A n z a h l d e r W i e d e r h o l u n g e n v o r a b b e k a n n t. Man kann also die einzelnen Wiederholungen z ä h l e n , und es gibt für diesen Fall besondere Anweisungen.

a) Einfache Zählschleife

Kehren wir noch einmal zu Aufgabe 15 (Seite 35) zurück! Hier lag die Anzahl der Tätigkeiten "Drucke k" von vornherein fest; das Verfahren läßt sich also einfacher wie folgt beschreiben:

```
Für k von 1 bis 100
Wiederhole

     Drucke k
```

Eine entsprechende Anweisung existiert in BASIC:

```
10  REM   * ZAEHLSCHLEIFE *
20  :
30  FOR  K = 1  TO  100
40    PRINT  K;
50  NEXT K
60  END
```

Aufgabe 27. Es sollen die g e r a d e n Zahlen zwischen 20 und 30 (einschließlich) nacheinander gedruckt werden.

Verfahren:

```
Für k von 20 bis 30 mit Schrittweite 2
Wiederhole

     Drucke k
Ende
```

Die Anweisung

FÜR ... VON ... BIS ... MIT SCHRITTWEITE ...
WIEDERHOLE ...

heißt gezählte Wiederholung (auch: Zählschleife, oder: Laufanweisung).
Die zugehörige Anweisung in BASIC zeigt folgendes Programm:

```
10  FOR  K = 20  TO  30  STEP 2
20     PRINT K;
30  NEXT K
40  END
```

```
RUN
20  22  24  26  28  30
READY
■
```

Was macht der Rechner hier eigentlich?
Zunächst setzt er den Anfangswert (hier 20) in den Speicherplatz K (genannt: "Zählvariable" oder: "Laufvariable") und führt die zwischen FOR-TO und NEXT stehenden Anweisungen (hier: PRINT K) aus. Die Anweisung NEXT K veranlaßt ihn, die Zählvariable K um die Schrittweite (hier 2) zu erhöhen und die zu wiederholenden Anweisungen erneut auszuführen: dies solange, bis der Endwert (hier 30) erreicht ist.

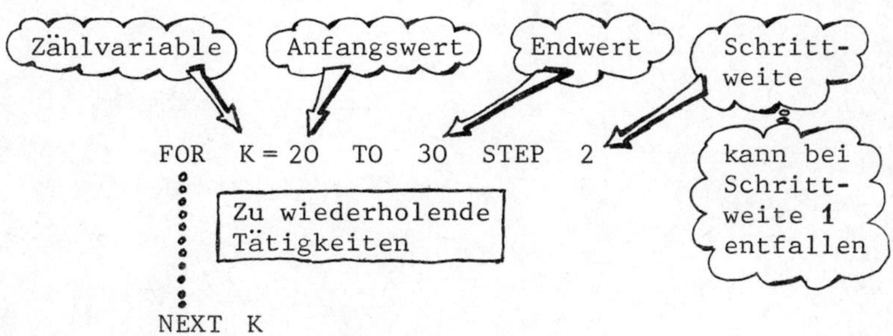

Man kann auch rückwärts zählen (Schrittweite -1):

```
10  FOR  I = 10  TO  1  STEP -1 : PRINT I; : NEXT I
```

```
RUN
10  9  8  7  6  5  4  3  2  1
READY
■
```

Aufgabe 28. Es sollen die Werte der Funktion $y = \frac{1}{x}$ an den Stellen 0,01 ; 0,02 ; 0,05 ; 0,1 ; 0,2 ; 0,5 ; 1 ; 2 ; 5 ; 10 ; 20 ; 50 ; 100 berechnet werden.

Da die Argumente der Funktion nicht in gleichen Abständen aufeinander folgen, können wir sie nicht durch eine Laufanweisung erzeugen. Hier gibt es eine andere Möglichkeit: wir schreiben sie ins Programm und lassen sie der Reihe nach auslesen:

```
 10  REM    * FUNKTIONSWERTE *
 20  :
 30  FOR  I = 1  TO  13
 40    READ X
 50    PRINT X , 1/X
 60  NEXT I
 70  :
 80  DATA  .01,.02,.05,.1,.2,.5,1
 90  DATA  2,5,10,20,50,100
100  END
```

```
RUN
```

```
0.01      100
0.02       50
0.05       20
```

Jedes Mal, wenn der Rechner auf das Schlüsselwort READ ("Lies!") trifft, sucht er sich die DATA-Zeile (hier: 80, dann 90), entnimmt ihr die nächste Zahl und weist sie der

Variablen X zu. Dies treibt er so oft, wie in der Zählschleife vorgesehen (hier 13mal).

Aufgaben

---

29. Wozu dient folgendes Programm?

```
10  LET S = 0
20  FOR K = 1  TO  15
30    LET S = S + K
40    PRINT S;
50  NEXT K
60  END
```

30. Schreiben Sie die Programme der Aufgaben 16 bis 19 mit Hilfe der gezählten Wiederholung (Laufanweisung).

31. Es soll eine Wertetabelle der Funktion $y = 0{,}1x^2 - 5$ für $-10 \leqq x \leqq 10$ mit Schrittweite 0,5 erstellt werden.

32. Man schreibe ein Programm, welches die Summe aller natürlichen Zahlen zwischen zwei gegebenen Zahlen M und N ermittelt (Beispiel: M = 5 , N = 10; 5+6+7+8+9+10 = 45).

33. Es soll eine Tabelle erstellt werden, welche Kilokalorien (kcal) in Kilojoule (kJ) umrechnet (1 cal ≈ 4,19 Joule); Schrittweite geeignet wählen!

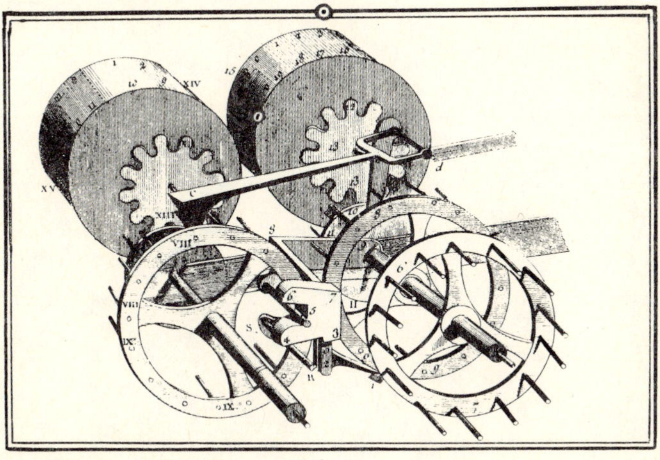

Mathématique Algèbre et Arithmétique. Machine arithmétique de Pascal

b) Felder

Besonders nützlich ist die Laufanweisung bei der Arbeit mit sogenannten Feldern.
Ein (eindimensionales) Feld (oder: Bereich, engl. array) ist nichts anderes als eine endliche Folge

A(1), A(2), ..., A(n)

von Speicherplätzen.

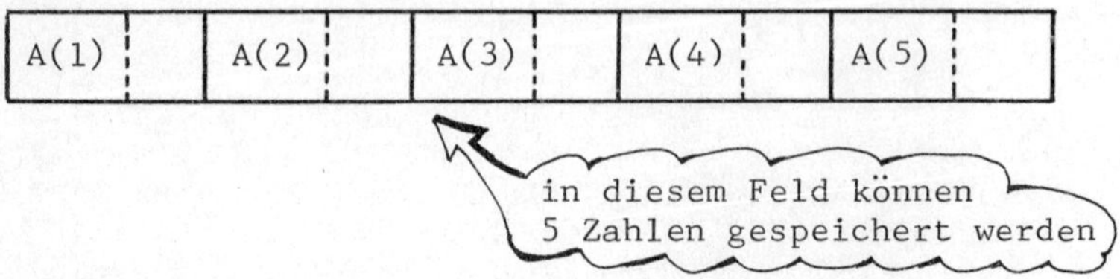

In einem solchen Feld kann man bequem Zahlen auflisten - oder auch Zeichenketten (in letzterem Fall muß die Feldvariable durch das Dollarzeichen $ gekennzeichnet werden: A$(1), A$(2), ...).

Bemerkung. Auch A0, A1, A2, ... ist eine Folge von Variablen, jedoch kein Feld. Der Unterschied besteht darin, daß zwischen den Klammern von A( ) bzw. A$( ) eine Laufvariable stehen kann.

Mit Hilfe der Zählschleife können wir ein Feld durchlaufen und Werte ein- oder ausgeben.

Aufgabe 34. In ein (eindimensionales) Feld sollen 20 Zahlen eingelesen werden.

Wenn ein Feld mehr als 11 Plätze enthalten soll, müssen wir diese Tatsache dem PET mitteilen, damit er hinreichend Speicherplatz reserviert. Die Anweisung

DIM A(20)   bzw.   DIM A$(17)

veranlaßt den Rechner, Speicherplatz für ein Zahlenfeld mit 20 Eintragungen bzw. für ein Zeichenketten-Feld mit 17 Eintragungen bereitzustellen.

Die Aufgabe wird durch folgendes Programm gelöst:

```
10  REM   * EINGABE INS FELD *
20  DIM A(20)
30  FOR  I = 1  TO  20 :  READ A(I) : NEXT I
40  DATA  1,2,3,4,5,6,7,8,9,10,9,8,7,6,5,4,3,2,1,0
50  :
60  REM   * AUSGABE *
70  :
80  FOR  I = 1  TO 20  : PRINT A(I);: NEXT I
90  END
```

```
RUN

1 2 3 4 5 6 7 8 9 10 9 8 7 6 5 4 3 2 1 0

READY
```

Aufgabe 35. Ein Programm ist gesucht, das 5 Namen in ein Feld über das Tastenfeld einliest und anschließend ausdruckt.

Lösung:

```
 10  REM    * EINGABE *
 20  :
 30  INPUT "WIE VIELE NAMEN "; N
 40  DIM B$(N)
 50  :
 60  FOR  I = 1  TO  N
 70    PRINT I "." ;
 80    INPUT "NAME "; B$(I)
 90  NEXT I
100  :
110  REM    * AUSGABE *
120  PRINT
130  FOR  I = 1  TO  N
140    PRINT B$(I);
150  NEXT I
160  END
```

```
RUN

WIE VIELE NAMEN? 5

1. NAME? ARMIN
2. NAME? BENNO
3. NAME? CHRISTIAN
4. NAME? ROLAND
```

Fortsetzung des Dialogs:

```
5. NAME? UDO
ARMIN  BENNO  CHRISTIAN  ROLAND  UDO
READY
■
```

Häufig ist die Anzahl der einzugebenden Zahlen bzw. Zeichenketten *vorher nicht bekannt*; man weiß nur, wieviel es *höchstens* sein können.

Aufgabe 36. Es ist ein Programm für die Eingabe von höchstens n Namen in ein Feld zu schreiben, das diese zugleich *zählt*.

Lösung:

```
 10 INPUT "WIEVIELE NAMEN HOECHSTENS "; N
 20 PRINT "NACH DEM LETZTEN NAMEN 'ZZZ' EINGEBEN!"
 30 PRINT
 40 DIM C$(N)
 50 :
 60 FOR I = 1 TO N
 70   INPUT "NAECHSTER NAME "; C$(I)
 80   IF C$(I) = "ZZZ" THEN 110
 90       NEXT I
100 :
110 PRINT "ES SIND "; I - 1 ;" NAMEN: "
120 PRINT
130 FOR K=1 TO I - 1
140   PRINT C$(K);
150   NEXT K
160 END
```

```
RUN

WIEVIELE NAMEN HOECHSTENS? 6
NACH DEM LETZTEN NAMEN 'ZZZ' EINGEBEN!

NAECHSTER NAME? ANNETTE
NAECHSTER NAME? BABETTE
NAECHSTER NAME? LILIANE
NAECHSTER NAME? ZZZ

ES SIND 3 NAMEN:

ANNETTE  BABETTE  LILIANE
```

Als letzte Zeichenkette wurde "ZZZ" eingegeben, damit der Rechner erkennt, wann die Eingabe beendet ist. Die Laufvariable von Zeile 60 bleibt an jener Stelle stehen: so zählt sie zugleich die eingegebenen Namen. Da "ZZZ" nicht mitgezählt werden soll, heißt es in Programmzeile 110 und 130 "I - 1".

Man kann zwar aus einer Zählschleife - wie hier - herausspringen, aber praktisch nie hineinspringen.

Ein weiteres Beispiel für das Herausspringen aus einer Zählschleife gibt folgende

---

Aufgabe 37. Es soll herausgefunden werden, ob ein vom Benutzer eingegebener Name in einer im Programm verankerten Liste von n Namen enthalten ist, und eine entsprechende Meldung abgegeben werden; falls der Name tatsächlich in der Liste enthalten ist, soll angegeben werden, das wievielte Element er in der Liste ist.

Diese Aufgabe sei als Übung dem Leser überlassen. -

Eine weitere Anwendung der Laufanweisung beinhaltet folgende wichtige

---

Aufgabe 38. Aus n gegebenen Zahlen soll die größte herausgesucht werden.

Einfache Spezialfälle haben wir bereits behandelt: für $n = 2$ in Aufgabe 1 (Seite 27), für $n = 3$ in Aufgabe 9 (Seite 31). Die Idee war dabei immer die gleiche: wir nannten das erste Element m (vorläufiges Maximum) und verglichen es dann der Reihe nach mit den übrigen. So gehen wir auch jetzt vor: wir setzen $m := a_1$ und bilden dann der Reihe nach $\text{Max}(m, a_1)$, $\text{Max}(m, a_2)$ u.s.w; m ist dabei das jeweils (vorläufig) größte Element.

Die Zahlen sind vorher in ein Feld $a_1, a_2, a_3, \ldots, a_n$ eingelesen worden.

Verfahren:

```
Eingabe  a_1 , a_2 , ... , a_n
m := a_1
Für  i  von  2  bis  n  wiederhole
      m := Max(m,a_i)
Ausgabe  m
- - - - - - - - - - - - - - - - - - - - - - - - - -
Prozedur  Max(x,y)
n := x
Wenn  n < y
      dann  n := y
Max(x,y) := n
Ende
```

Die Prozedur Max(x,y) ist ein selbständiges Teilprogramm, das im Hauptprogramm beliebig verwendet werden kann. Beim Aufruf der Prozedur im Hauptprogramm werden die Prozedurvariablen (hier: x und y) durch die im Prozeduraufruf vorkommenden Variablen (hier: m und a_i) ersetzt. Die Benutzung solcher Prozeduren macht ein Programm übersichtlich.
Leider gibt es in BASIC solche Prozeduren **nicht** (nur sogenannte Unterprogramme).
Wir schreiben den Programmteil Max(x,y) daher gleich ins Hauptprogramm:

```
10  REM   ** MAXIMUMSUCHE **
20  :
30  REM    * EINGABE *
40  DATA  97,46,2,23,67,15,17,89,30,10
50  DATA  4,89,38,0,7,11,13,99,76,22
60  DIM A(20)
70  FOR  I = 1  TO 20 : READ A(I) : NEXT I
80  :
```

```
 90  M = A(1)
100  :
110  REM   * SCHLEIFE *
120  :
130  FOR  I = 1  TO  20
140    IF  M < A(I) THEN  M = A(I)
150      NEXT I
160  :
170  REM   * AUSGABE *
180  :
190  PRINT "MAXIMUM: "; M
200  END
```

c) Geschachtelte Zählschleifen

Aufgabe 39. Auf dem Bildschirm soll ein Muster folgender Art

```
*****
*****
*****
*****
```

erzeugt werden.

Zu diesem Behuf müssen wir zwei Schleifen ineinanderschachteln: eine für die Zeilen und eine für die Spalten des Musters.

```
Für i von 1 bis 4 wiederhole
     Für k von 1 bis 5 wiederhole
          Drucke *
Ende
```

In BASIC:

```
 10  REM   * STERNRECHTECK *
 20  :
 30  INPUT "ANZAHL DER ZEILEN "; M
 40  INPUT "ANZAHL DER SPALTEN "; N
 50  :
 60  FOR  I = 1 TO  M
 70    FOR  K = 1 TO  N : PRINT "*";: NEXT K
 80    PRINT
 90  NEXT I
100  END
```

wichtig - sonst gibt's eine einzige Zeile!

Erlaubt sind Schachtelungen folgender Art:

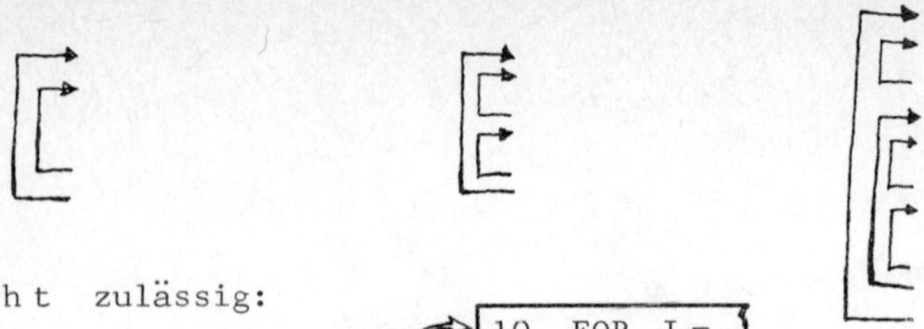

N i c h t zulässig:

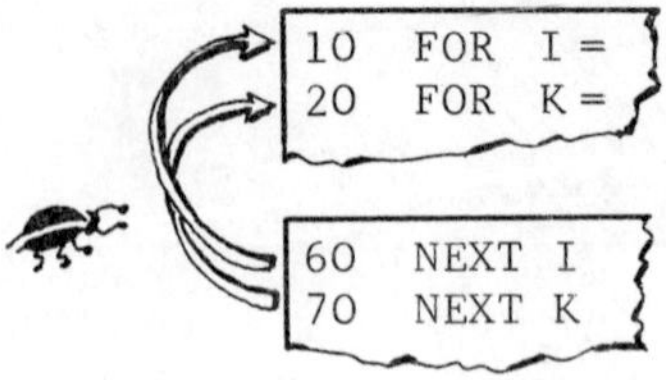

A u f g a b e n

40. In ein Feld mit n Plätzen ist an einer vorgegebenen Stelle ein Element e i n z u f ü g e n (die rechts davon liegenden Elemente müssen verschoben werden).

41. Aus einem Feld mit n Plätzen soll ein Element, das an der k-ten Stelle steht, e n t f e r n t werden; anschließend ist das Feld "zusammenzuschieben".

42. Die in einem Feld gespeicherten n Zahlen bzw. Zeichenketten sollen umgekehrte Reihenfolge erhalten.

43. Ein Programm für das sogenannte Sieb des ERATOSTHENES zur Primzahlbestimmung ist gesucht.

44. Eine Nachricht (z.B. das Wort "Maschinengewehrfeuer") soll v e r s c h l ü s s e l t werden; und zwar nach dem sog. Versetzungsverfahren.
Dazu schreibt man in ein schachbrettartig unterteiltes Rechteck den Klartext elementweise h o r i z o n t a l ein und anschließend v e r t i k a l wieder aus.
Beispiel:

```
──→ M A S C H
    I N E N G
    E W E H R
    F E U E R
    ↓
```

Geheimtext: MIEFANWESEEUCNHEHGRR

Schreiben Sie für dieses Verschlüsselungsverfahren ein Programm!

3. Algorithmen

3.1 Algorithmen und Programme

In den vorangegangenen Kapiteln haben wir eine ganze Reihe von Problemen mittels Computer gelöst. Dieser erwies sich dabei als Maschine, die aus gewissen Größen oder Objekten (den Eingabegrößen) neue Größen (die Ausgabegrößen) erzeugt.

Dazu sind gewisse Fähigkeiten erforderlich: die Maschine muß

- die Objekte "verarbeiten", d.h. gewisse Operationen mit ihnen vornehmen,
- Anweisungen für solche Operationen verstehen,
- Daten und Anweisungen sich merken (speichern) und
- mit der Umwelt (dem Benutzer) sich verständigen

können.

Die Folge der Anweisungen für den Computer, formuliert in einer ihm verständlichen Sprache, nannten wir Programm. Unsere Programmiersprache ist BASIC; es gibt aber zahlreiche andere solcher Sprachen (mit Namen wie FORTRAN, ALGOL, COBOL, PASCAL etc.). Eine Folge von Anweisungen kann in verschiedenen formalen Sprachen dargestellt werden - was haben nun solche unterschiedlichen Programme gemeinsam?

Gemeinsam ist ihnen:

- sie lösen ein allgemeines Problem,

  d.h. nicht nur einen Einzelfall (wie zum Beispiel die Ermittlung des Flächeninhalts eines Rechtecks mit den Seitenlängen 18,5 m und 22 m, sondern aller Rechtecke mit gegebenen Seitenlängen);
- die Operationen der Maschine sind durch das Programm determiniert,

  d.h. eindeutig (unmißverständlich) vorgeschrieben: die Maschine besitzt keine "Willensfreiheit", sondern befolgt die Anweisungen "sklavisch";

- das Programm besteht aus *endlich* vielen Anweisungen.

Eine Folge von Anweisungen mit diesen Eigenschaften heißt ein *Algorithmus*.

Ein Algorithmus ist also eine Folge von eindeutig formulierten Handlungsanweisungen, die - in der vorgeschriebenen Reihenfolge ausgeführt - Probleme eines bestimmten Typs lösen.

Kurz:

Algorithmus = Folge von eindeutig formulierten Anweisungen zur Lösung eines Problems

Noch kürzer:

Algorithmus = allgemeines und determiniertes (Rechen-) Verfahren

Dies ist keine Definition des Begriffs "Algorithmus", sondern allenfalls eine Umschreibung. Eine strenge Definition ist den Mathematikern bis heute nicht gelungen: man muß sich mit *Beispielen* behelfen.

Das Wort "Algorithmus" verewigt den Namen des ABU JAFAR MUHAMMED IBN MUSA AL-KHWARIZMI, welcher als Bibliothekar des Kalifen AL-MAMUN in Bagdad um 820 ein Rechenbuch verfaßte, in dem die Methode des indisch-arabischen Rechnens fixiert wurde. In der lateinischen Übersetzung (um 1200) wird AL-KHWARIZMI als "Algorithmus" wiedergegeben.-

Zwischen "Algorithmus" und "Programm" besteht demnach folgender Zusammenhang: Programm ist die Formulierung eines Algorithmus in einer Programmiersprache, d.h. einer Sprache, die einem Computer verständlich ist. Ein und derselbe Algorithmus kann also in *unterschiedlicher* Weise durch Programme realisiert werden. -

Wenn wir sagen, unser Rechner cbm 2001 "verstehe" ein Programm, so ist dies natürlich nicht wörtlich gemeint. Denn eine Maschine kann nicht wie ein Mensch "verstehen";

sie wird vielmehr durch sogenannte Maschinenbefehle gesteuert. Im PET ist ein Programm gespeichert, welches jedes eingegebene BASIC-Programm in eine Folge von Maschinenbefehlen übersetzt ("Interpreter", wörtlich: Übersetzer). Doch auch die BASIC-Sprache ist zu einer problem-nahen und gut lesbaren Darstellung von Algorithmen nicht optimal geeignet. Wir formulieren Algorithmen in der deutschen Umgangssprache, wobei wir gewisse Sprachelemente (Worte, Wortverbindungen und Symbole) in immer der gleichen festgelegten Bedeutung verwenden.

Unsere algorithmische Sprache muß zwei Sorten von Dingen beschreiben:

A. die Daten (d.h. die Objekte, auf denen die Algorithmen operieren).

   Dies sind: Zahlen, Zahlenpaare, Vektoren, Mengen, Funktionen, Zeichenketten, Felder, u.v.a.m.

B. die Operationen (d.h. die Tätigkeiten, mittels derer aus den eingegebenen Objekten neue Objekte erzeugt werden).

   Hier unterscheidet man zwischen

   - Einzeloperationen
   - Zusammensetzung der Operationen zu Prozessen.

   Die Operationen werden dem Ausführenden (dem menschlichen oder maschinellen Prozessor) durch Anweisungen mitgeteilt.

(1) Unter den einfachen Anweisungen ist die Wertzuweisung die elementarste . Sie wird dargestellt durch

X := A (gelesen: "für X setze A")

wobei X eine Variable und A ein Ausdruck ist. Eine Variable ist ein Objekt, dem nacheinander verschiedene Werte zugewiesen werden können; wir haben früher (Seite 14) Variablen als Tafeln (bzw. Speicherplätze) veranschaulicht, auf (bzw. in) die man schreiben und von denen man *lesen* kann. Ein Ausdruck ist eine Formel (ein Term), gebildet aus Zahlen, Variablen und Rechenzeichen, aus dem nach Wertzuweisung (und Ausrechnen) eine Zahl entsteht.

Es gibt auch Ausdrücke für andere Objekte als Zahlen (siehe unten).

Weitere einfache Anweisungen sind *Eingabe*- und *Ausgabe*- Anweisungen.

(2) Zusammengesetzte Anweisungen

(2.1) Anweisungsfolge (Sequenz)

Die einzelnen Anweisungen werden untereinandergeschrieben; dies bedeutet, daß sie *nacheinander* auszuführen sind.

(2.2) Entscheidungs-Anweisungen

Anweisung	
Wenn ... dann ...	einseitige Entscheidung
Wenn ... dann ... sonst ...	zweiseitige Entscheidung

(2.3) Wiederholungs-Anweisungen

Anweisung	
Wiederhole ... bis ...	Wiederholung mit Abbruchbedingung
Solange ... wiederhole ...	Wiederholung mit Ausführungs-bedingung
Für k von ... bis ... mit Schrittweite ... wiederhole ...	Laufanweisung (gezählte Wiederholung)

Algorithmen sind i.a. aus einfacheren Algorithmen aufgebaut; so stützt sich z.B. die Multiplikation auf die Addition. Solche untergeordneten Algorithmen heißen *Prozeduren*; sie werden häufig verwendet, um einen Algorithmus in überschaubare Einheiten zu *gliedern*.

3.2 *Graphische Darstellung* von Algorithmen

Um den Aufbau eines Algorithmus zu veranschaulichen, bedient man sich gern sogenannter *Flußdiagramme*. Sie bestehen aus Symbolen für die einfachen Anweisungen

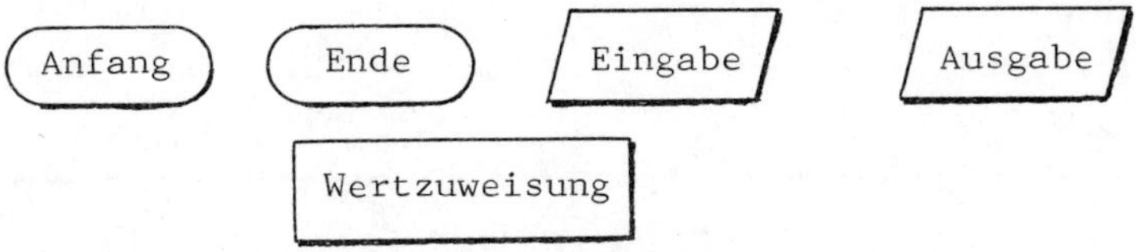

und dem Symbol für die Entscheidung

Die zusammengesetzten Anweisungen stellen sich wie folgt dar:

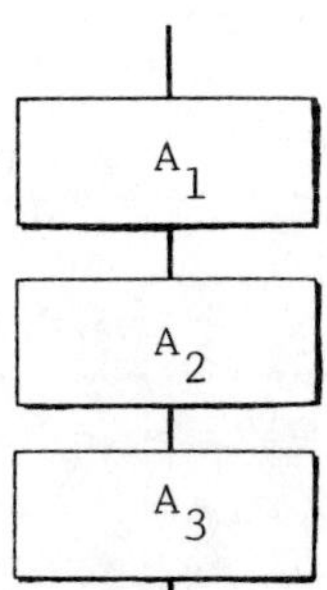

Sequenz

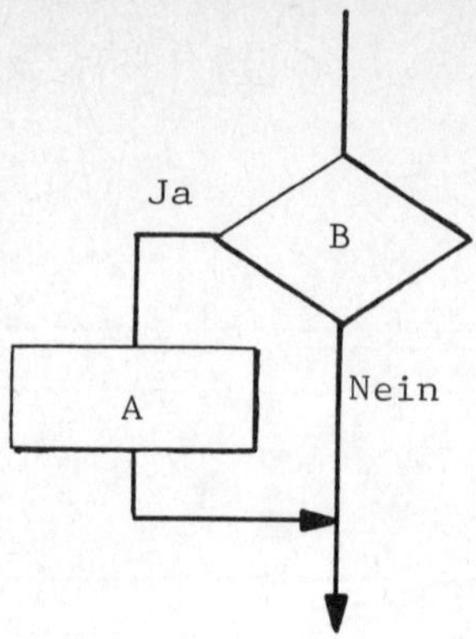

Einseitige Entscheidung

<u>Wenn</u> B <u>dann</u> A

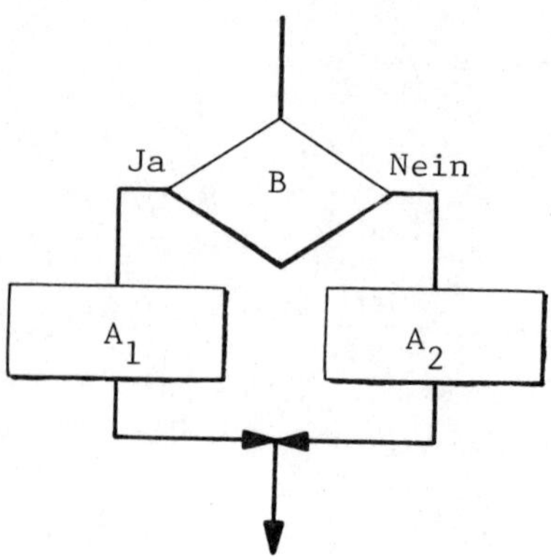

Zweiseitige Entscheidung

<u>Wenn</u> B <u>dann</u> A_1
<u>sonst</u> A_2

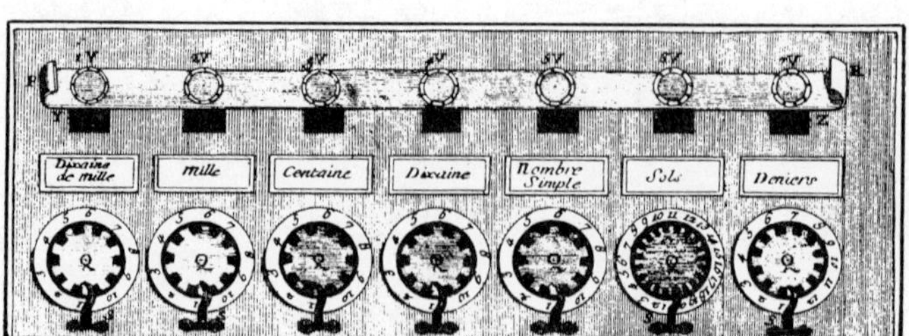

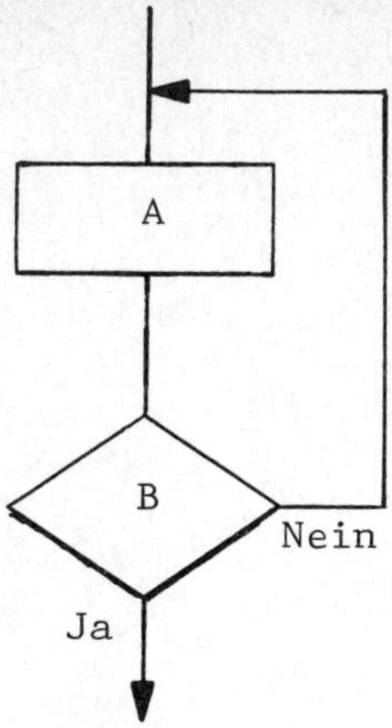

Wiederhole

A

bis B

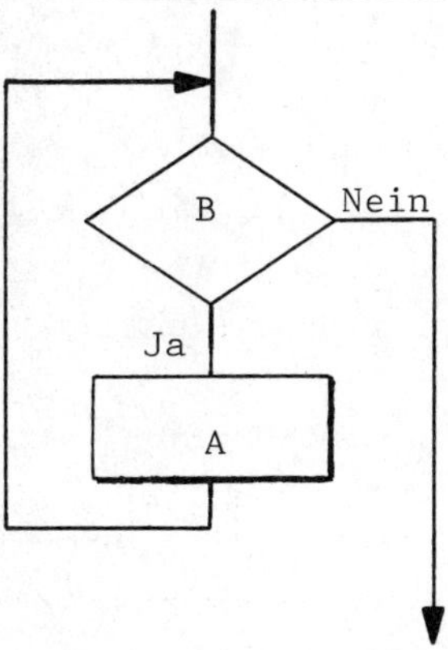

Solange B

wiederhole A

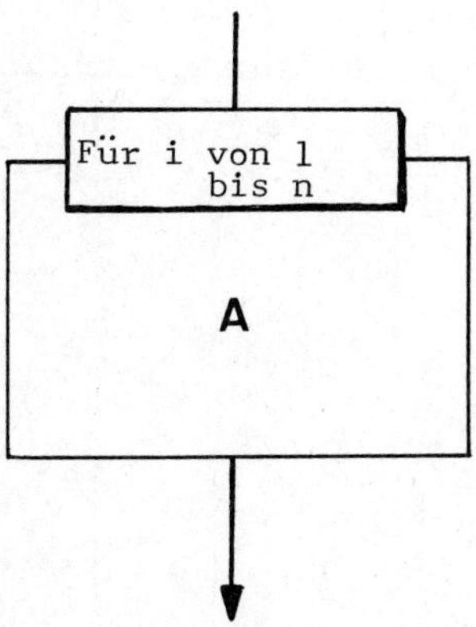

Für i von ...

bis ...

mit Schrittweite ...

wiederhole A

Beispiel. Die Lösung der Aufgabe 9 von Kapitel 2 (Seite 31)

"Suche Max(a,b,c)"

läßt sich mittels Flußdiagramm wie folgt darstellen:

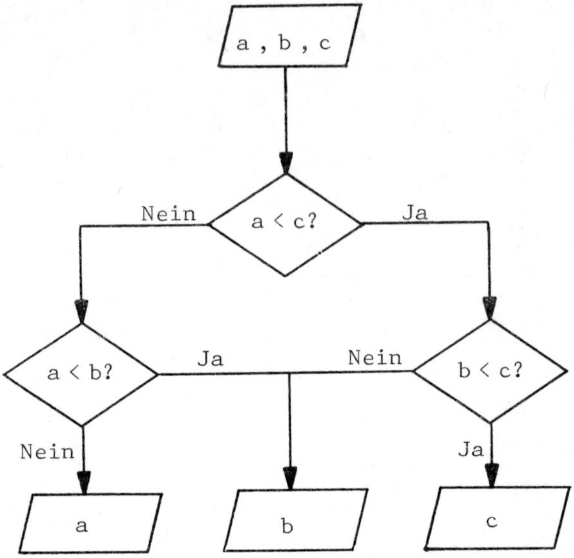

Aufgaben

---

1. Zeichnen Sie ein Flußdiagramm für Aufgabe 5 von Kap.2 (Seite 30).

2. Für die Verschlüsselungsaufgabe (Seite 50, Aufg.44) ist ein Flußdiagramm zu entwerfen.

„Darf ich Ihnen Ihre neue Mitarbeiterin vorstellen?"

3.3 Hinweise zur Programmerstellung

Das Erstellen eines Programms läßt sich in folgende Phasen gliedern:

A. Problemanalyse

B. Entwicklung eines Algorithmus

(eventuell in mehreren Verfeinerungsschritten)

Die Darstellung des Algorithmus sollte mit den in 3.2 geschilderten Sprachelementen erfolgen; zur Veranschaulichung kann ein Flußdiagramm beigefügt werden.

C. Übersetzung in die Programmiersprache

Der Programmtext sollte übersichtlich, d.h. gut gegliedert sein und folgende Bestandteile enthalten:

- Name des Programms (evtl. des Autors, Datum)
- Vereinbarungen (Bezeichnung der Variablen und Konstanten)
- Anweisungsteil (Eingabe - Berechnungen - Ausgabe)

D. Erprobung

(Dialog an Hand von Beispielen)

E. Diskussion

(Beurteilung des Algorithmus und des Programms, eventuell Varianten, Verallgemeinerungen, Verbesserungen)

Aufgabe 3. Es seien a und b natürliche Zahlen mit $a > b$. Ein Programm ist gesucht, welches den Rest bei der Division von a durch b ermittelt.
(Z.B. ist Rest(55,17) = 4 , denn 55 = 3·17 + 4.)

Rest(a,b) soll durch wiederholte Subtraktion gewonnen werden, wie folgende Tabelle zeigt:

a	b	Rest
55	17	38
38	17	21
21	17	4

hier steht Rest(55,17)

Das Verfahren bricht ab, wenn der Rest der wiederholten Subtraktion zum ersten Mal kleiner als der Subtrahend (hier: 17) ist.

Algorithmus:

```
Eingabe  a , b
Wiederhole
   r := a - b
   a := r
bis  a < b
Ausgabe  r
Ende
```

... oder:

```
Eingabe  a , b
Solange  a ≥ b  wiederhole
   r := a - b
   a := r
Ausgabe  r
Ende
```

In BASIC:

```
 10  REM    * REST(A,B) *
 20  :
 30  PRINT "ZAHLEN EINGEBEN"
 40  PRINT "DIE ERSTE ZAHL MUSS ";
 50  PRINT "GROESSER ALS DIE ZWEITE SEIN!"
 60  PRINT
 70  INPUT  A , B
 80  PRINT "REST("; A ;","; B ;") = ";
 90  R = A - B
100  A = R
110  IF A => B THEN 90
120    PRINT R
```

Aufgabe 4. Es sollen alle möglichen dreistelligen Wörter aus gegebenen Buchstaben (z.B. L , O , T) durch Vertauschen (Permutieren) gebildet werden.

Wir nehmen an, daß die gegebenen Buchstaben in einem Zeichenketten-Feld (B_1, B_2, B_3) gespeichert sind. Die Worte werden nun dadurch erzeugt, daß alle Tripel (i_1, i_2, i_3) aus den natürlichen Zahlen 1 , 2 , 3 gebildet werden derart, daß keine zwei gleich sind, also: 123, 132, 213, 231, 312, 321. Das zu jedem solchen Tripel gehörige Wort wird alsdann ausgegeben.
Um die Index-Tripel zu erzeugen, benutzen wir zwei ineinandergeschachtelte Laufanweisungen für den ersten Index i_1 und den zweiten Index i_2 ; der dritte ergibt sich dann aus der Beziehung $i_1 + i_2 + i_3 = 6$.

Algorithmus:

<u>Eingabe</u> B_1, B_2, B_3
<u>Für</u> i_1 <u>von</u> 1 <u>bis</u> 3 <u>wiederhole</u>
    <u>Für</u> i_2 <u>von</u> 1 <u>bis</u> 3 <u>wiederhole</u>
        <u>Wenn</u> $i_2 = i_1$ <u>dann</u> $i_2 := i_2 + 1$
                <u>sonst</u> $i_3 := 6 - (i_1 + i_2)$
                      <u>drucke</u> $B_{i_1}, B_{i_2}, B_{i_3}$
<u>Ende</u>

Programm:

```
 10  REM   ** PERMUTATIONEN **
 20  REM   * VON DREI BUCHSTABEN *
 30  :
 40  PRINT "GEBEN SIE DREI BUCHSTABEN EIN!"
 50  PRINT : PRINT
 60  INPUT  B$(1) , B$(2) , B$(3)
 70  :
 80  FOR I1 = 1 TO  3
 90    FOR  I2 = 1 TO  3
100       IF I2 = I1 THEN 130
110          I3 = 6 - (I1 + I2)
120          PRINT  B$(I1), B$(I2) , B$(I3)
130    NEXT I2
140  NEXT I1
```

Flußdiagramm:

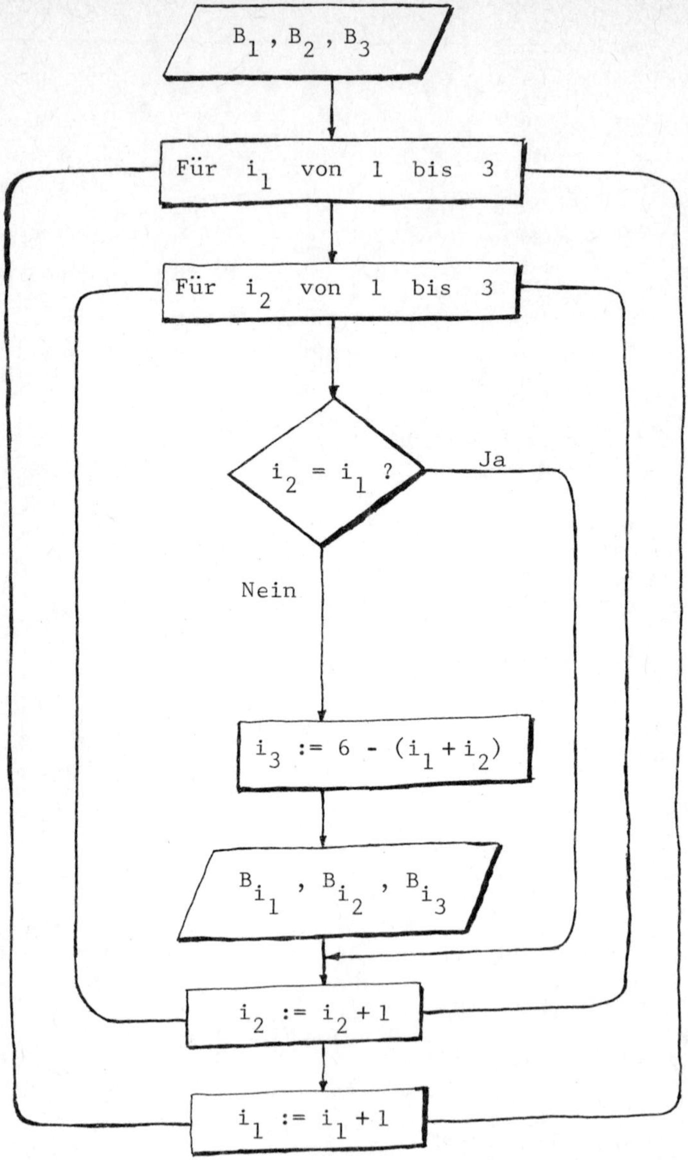

Diskussion des Verfahrens: Es handelt sich nicht um ein eigentliches Vertauschen (von Speicherinhalten); die Index-Tripel werden vielmehr durch Rechnung erzeugt.

Aufgabe 5. Lösen Sie Aufgabe 4 durch Benutzung echter Vertauschungsoperationen.

Weitere Aufgaben

6. Schreiben Sie Programme für die Permutation von 5, 6, ... Buchstaben oder Zahlen.

7. Schreiben Sie ein Programm, welches 4, 5, ... Zahlen oder Worte sortiert.

8. Es sind drei Zahlen a, b, c gegeben. In einem Programm soll zunächst geprüft werden, ob a, b, c die Seitenlängen eines Dreiecks bilden können.

   (Beispiel: $a = 1$, $b = 2$, $c = 4$ bilden kein Dreieck; dagegen bilden $a = 3$, $b = 4$, $c = 5$ ein Dreieck.)

   Wenn a, b, c tatsächlich die Seiten eines Dreiecks bilden sollten, ist zusätzlich zu prüfen, ob das Dreieck

   a) gleichschenklig, b) gleichseitig,

   c) rechtwinklig ist.

9. $P_1 = (x_1, y_1)$ und $P_2 = (x_2, y_2)$ sind gegebene Punkte. Man schreibe ein Programm, welches die Gleichung $y = mx + b$ der Verbindungsgeraden der beiden Punkte angibt.

10. Man entwickle ein Programm zur Lösung der linearen Gleichung $ax + b = 0$.

11. Ein Programm zur Lösung der quadratischen Gleichung
$$ax^2 + bx + c = 0$$
ist gesucht (mit Berücksichtigung aller Fälle!).

★

Ein Gegenbeispiel

BASIC eignet sich hervorragend dazu, den Aufbau eines Algorithmus vollkommen zu verdunkeln. Wenn Sie die in Ihrem Programm steckenden Ideen Unbefugten v e r b e r g e n wollen oder wenn Sie es spannend finden, nach einigen Tagen die eigenen Gedankengänge zu erforschen (Schlüsselfrage: "Warum habe ich das bloß s o gemacht?"), dann schreiben Sie Ihr PERMUTATIONSPROGRAMM FÜR BUCHSTABEN-KOMBINATIONEN wie Stefan G. aus L.:

```
 10 PRINT "WIEVIELE BUCHSTABEN"
 20 INPUT I
 30 DIM T$(I)
 40 PRINT "WIEVIELE STELLEN"
 50 INPUT N
 60 FOR J = 1 TO I
 70 PRINT J;". BUCHSTABE"
 80 INPUT T$(J)
 90 NEXT J
100 A$ = " "
110 FOR J = 1 TO N
120 A$ = A$ + T$(1)
130 NEXT J
140 PRINT A$
150 P = N
160 L$ = MID$(A$,P,1)
170 FOR B = 1 TO I
180 IF L$ = T$(B) THEN 200
190 NEXT B
200 B = B + 1
210 IF B = I + 1 THEN 300
220 IF P <> 1 THEN 250
230 A$ = T$(B) + RIGHT$(A$, LEN(A$)-P)
240 GOTO 140
250 IF P <> LEN(A$) THEN 280
260 A$ = LEFT$(A$,P-1) + T$(B)
270 GOTO 140
280 A$ = LEFT$(A$,P-1)+T$(B)+RIGHT$(A$,LEN(A$)-P)
290 GOTO 140
300 IF P <> N THEN 330
310 A$ = LEFT$(A$,P-1) + T$(1)
320 GOTO 370
330 IF P <> 1 THEN 360
```

```
340  A$ = T$(1) + RIGHT$(A$, LEN(A$)-P)
350  GOTO 370
360  A$ = LEFT$(A$,P-1) + T$(B) + RIGHT$(A$,LEN(A$)-P)
370  IF P = 1 THEN END
380  P = P-1
390  GOTO 160
```

Aufgabe 12. Analysieren Sie das Programm und stellen Sie den Algorithmus in verständlicher Form dar! (Die Zeichenketten-Funktionen werden in Kapitel 5.1 erläutert.)

★

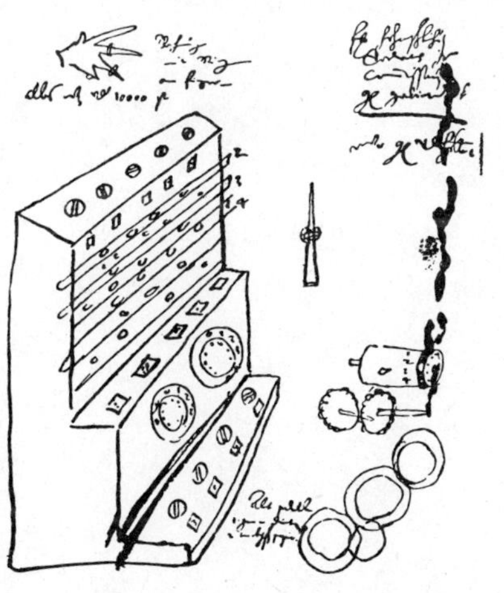

SCHICKARD

„Dasselbe, was Du rechnerisch gemacht hast, habe ich in letzter Zeit auf mechanischem Weg versucht, und eine aus elf vollständigen und sechs verstümmelten Rädchen bestehende Maschine konstruiert, welche gegebene Zahlen augenblicklich automatisch zusammenrechnet: addiert, subtrahiert, multipliziert und dividiert. Du würdest hell auflachen, wenn Du zuschauen könntest, wie sie die Stellen links, wenn es über einen Zehner oder Hunderter weggeht, ganz von selbst erhöht bzw. beim Subtrahieren ihnen etwas wegnimmt."

4. BASIC-Beschreibung

Bevor wir weitere Probleme anpacken, um sie vom Computer lösen zu lassen, wollen wir die Sprache BASIC etwas systematischer als bisher beschreiben (und damit unsere erworbenen Kenntnisse zusammenfassen); vollständig wird unsere Beschreibung nicht sein.

4.1 Konstanten, Variablen, Ausdrücke

a) Konstanten sind Größen, deren Wert sich während des Programmablaufs nicht ändert. Es gibt numerische Konstanten (Zahlen) und Textkonstanten (Zeichenketten).

- Zahlen können in BASIC als ganze Zahlen (z.B. 124 oder -77), als Dezimalzahlen (z.B. 1.24 oder -0.77) oder in sogenannter wissenschaftlicher Notation (Exponentialdarstellung, z.B. 3.14E+3 bedeutet $3{,}14 \cdot 10^3 = 3140$.) geschrieben werden.
- Zeichenketten (engl.: string) sind endliche Aneinanderreihungen von Buchstaben, Ziffern und anderen Zeichen.

b) Variablen sind Größen, deren Wert sich beim Programmablauf ändern kann (siehe Seite 53); es gibt Variablen für Zahlen und für Zeichenketten.

- Zahlvariablen mit voller Genauigkeit werden durch Buchstaben A , B , C , ... oder Doppelbuchstaben AA , AB , AC , ... oder Buchstaben mit Ziffer A0 , A1 , ... bezeichnet. Daneben gibt es Variablen für ganze Zahlen (zwischen -32767 und 32767); sie werden mit einem nachgestellten Prozentzeichen geschrieben: A% , B% , AA% , A3% , B7% etc.
- Textvariablen (Variablen für Zeichenketten) schreiben sich wie die Zahlvariablen, nur mit einem Dollarzeichen dahinter: A$, AB$, B5$ etc.

c) Ausdrücke (Terme)

Berechnungsvorschriften werden mittels Ausdrücken (im Mathematikunterricht sagt man: 'Terme') formuliert; handelt es sich um die Berechnung numerischer Werte, spricht man von einem numerischen Ausdruck, sonst von einem Textausdruck.

- Numerische Ausdrücke (auch: arithmetische Ausdrücke) sind aus Zahlen, Zahlvariablen und Rechenzeichen (arithmetischen Verknüpfungszeichen) + , - , * , / , ↑ aufgebaut (siehe Seite 9 und Seite 54); werden für die vorkommenden Variablen Zahlen gesetzt, so geht ein *korrekt gebildeter* arithmetischer Ausdruck (nach dem Ausrechnen) in eine *Zahl* über.
  "Korrekt gebildet" heißt, daß der Ausdruck eine für den Rechner verständliche Berechnungsvorschrift darstellt. (Z.B. sind ((3+2)/5 oder 1:(A+3) nicht korrekt.)

   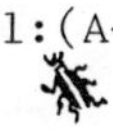

  Es gelten die aus der Algebra bekannten "*Vorfahrtregeln*": ↑ wird vor * und / ausgeführt, letztere beiden sind gleichrangig; * und / werden vor + und - ausgeführt, letztere beiden sind gleichrangig. Bei gleichrangigen Verknüpfungen wird der Ausdruck von links nach rechts abgearbeitet (z.B. wird in 2*3/6 zuerst die Multiplikation, dann die Division ausgeführt). Soll die durch diese Rangordnung gegebene Reihenfolge durchbrochen werden, sind in der üblichen Weise *Klammern* zu setzen.

- Textausdrücke sind sehr viel einfacher gebaut: es gibt als Verknüpfung nur die *Verkettung* (Zeichen: +), d.h. die beiden Zeichenketten werden nahtlos aneinandergesetzt. (Näheres darüber in Kapitel 5.1.)

4.2 Elementare Anweisungen

a) Wertzuweisung und Berechnung

Die Wertzuweisung wurde schon ausführlich besprochen (Seite 14 und Seite 53). Wichtig ist, daß die Variablentypen übereinstimmen: einer Zahlvariablen kann nur eine Zahl, einer Textvariablen nur eine Zeichenkette zugewiesen werden.
(Z.B. bewirkt die Anweisung

LET A$ = 5 eine Fehlermeldung, aber

LET A$ ="5" funktioniert, denn jetzt versteht der Rechner die Fünf als eine Zeichenkette.)

b) Die Eingabe - Anweisungen INPUT und DATA/READ sowie die Ausgabe - Anweisung PRINT sind uns wohlbekannt. Eine Angelegenheit für Spezialisten ist die Eingabe-Anweisung GET. Im Gegensatz zu INPUT hält der Rechner, wenn er auf eine Anweisung GET A$ stößt, n i c h t an, sondern nimmt "im Vorübergehen" dasjenige Zeichen mit, das er im sogenannten Tastenfeld-Zwischenspeicher findet und weist es A$ zu.
Will man, daß der Rechner auf eine bestimmte Eingabe wartet, baut man eine kleine "Warteschleife"

```
50 GET A$ : IF A$ = "" THEN 50
```

Das heißt: Solange der Rechner auf die leere Zeichenkette "" (die Anführungszeichen stehen unmittelbar hintereinander !) trifft, bleibt er in der Schleife hängen. Im Gegensatz zu INPUT braucht zur Fortsetzung des Programms nicht die RETURN-Taste gedrückt zu werden. Soll das Programm nur weiterlaufen, wenn eine bestimmte Taste (z.B. 'B') gedrückt wurde, so schreibt man

```
50 GET A$ : IF A$ <> "B" THEN 50
```

c) Die Kommentar-Anweisung REM haben wir ständig benutzt. Die Anweisung zur Bereitstellung von Speicherplatz (Schlüsselwort DIM) wurde in Kapitel 2 (Seite 44) besprochen.

4.3 Steueranweisungen

Die Anweisungen zur Ablaufsteuerung (Entscheidungs- und Wiederholungsanweisungen), wie sie in Kapitel 2 und 3 geschildert wurden, können in BASIC nicht unmittelbar ausgedrückt werden, sondern müssen mittels IF-THEN und GOTO nachgebildet werden.

<u>Aufgabe</u> 1. Man stelle allgemein dar, durch welche BASIC-Anweisungen die (einseitige und zweiseitige) Entscheidung sowie die bedingte Wiederholung realisiert werden können.

Unterprogramme werden mittels GOSUB aufgerufen; diese Anweisung besteht aus der Zeilennummer, dem Schlüsselwort <u>GOSUB</u> und der ersten Zeilennummer des Unterprogramms.

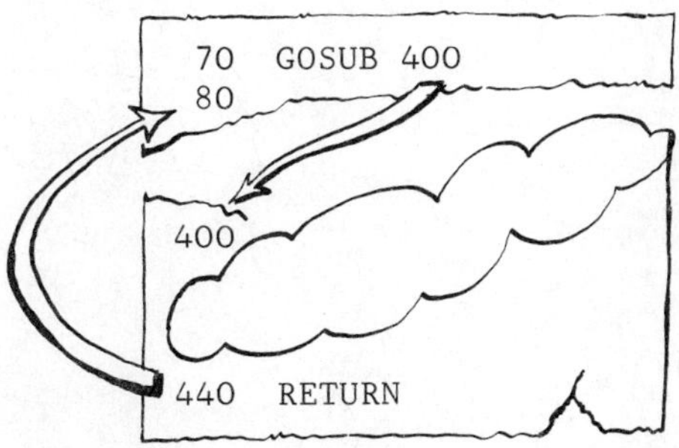

4.4 Funktionen

Zusätzlich zu den arithmetischen Verknüpfungen besitzt BASIC weitere "festverdrahtete" Funktionen; wir zählen einige davon auf (Funktionen der "höheren Mathematik" werden hier nicht besprochen).

a) ABS (absoluter Betrag)

Definition:

Wenn X ≧ 0 dann ABS(X) = X
sonst ABS(X) = -X .

(In der Mathematik benutzt man Betragsstriche: |X|).

```
10 PRINT ABS(5), ABS(0), ABS(-0.3)
```
⇒
```
5   0   0.3
```

b) INT (Ganz-Teil-Funktion; engl.,lat.: integer=ganz)

Definition: INT(X) ist die größte ganze Zahl kleiner oder gleich X

```
20 PRINT INT(5.3), INT(5), INT(-5.3)
```
⇒
```
5   5   -6
```

c) SQR (Quadratwurzel; engl.: square root)

Definition: SQR(X) = $\sqrt{X}$

```
30 PRINT SQT(4), SQR(0), SQR(-4)
```
⇒
```
2   0   ERROR
```

Funktionen können ineinandergeschachtelt (v e r k e t t e t) werden:

```
40 LET X = -16 : PRINT SQR(ABS(X))
```
ergibt
```
4
```

Statt SQR(X) kann auch X↑0.5 geschrieben werden.

4.5 System- Kommandos und Steuertasten

BASIC ist nicht nur eine Programmiersprache, in der Anweisungsfolgen zur späteren Ausführung durch den Rechner niedergeschrieben werden können, sondern auch ein Programmiersystem, d.h. ein Kommunikationsmittel zwischen Mensch und Computer.

Demgemäß gibt es in BASIC zwei Arten von Befehlen:

- die im BASIC-Programm durch eine Zeilennummer eingeleiteten Anweisungen (wie LET X = 5, PRINT A etc.); man nennt sie auch Programmbefehle.
- Befehle, die nicht im Programm stehen, sondern ohne Zeilennummer eingetippt werden und sofort, d.h. nach Drücken der RETURN-Taste ausgeführt werden; sie heißen Systemkommandos. Letztere dienen der Arbeit mit und an Programmen und Datenbeständen; sie sind direkt an das Betriebssystem des Rechners gerichtet.

  Die Systemkommandos betreffen

  - Beginn oder Beendigung von Arbeitsvorgängen

    (RUN : startet ein Programm,
    CONT : setzt die Programmausführung fort)

  - Bearbeitung eines Programms, insbesondere seine Korrektur

    (LIST : erstellt eine Programmliste,
    NEW : löscht den Programmspeicher,
    CLR : setzt alle Variablen auf Null)

  - Handhabung von Dateien

    (Programme und Daten auf Kassette oder Diskette; hierauf gehen wir in dieser Schrift nicht ein.)

Neben den Anweisungen, die Buchstabe für Buchstabe über das Tastenfeld eingegeben werden, gibt es für den Dialog mit dem Computer noch spezielle Tasten. Die wichtigste ist die RETURN-Taste, sie bewirkt beim direkten Rechnen die Ausführung der Rechnung, beim Programmierung die Abspeicherung der Zeile, bei der Dateneingabe die Fortsetzung des Programms. (Zu den weiteren Spezialtasten siehe Anhang 3). Einige dieser Befehle sind programmierbar (so kann man z.B. den Bildschirm löschen lassen).

A u f g a b e n

2. Es ist zum Beispiel INT(3.75) = 3,
aber INT(-3.75) = -4, da immer INT(X) $\leqq$ X gilt.

   Definieren Sie eine Funktion VRK ("Vorkomma-Anteil"), die für positive Zahlen mit INT übereinstimmt, für die aber beispielsweise VRK(-3.75) = -3 gilt.

3. Es ist eine Funktion FRC ("Nachkomma-Anteil" oder: "gebrochener Anteil", engl. fraction) gesucht, die (zum Beispiel) folgendermaßen wirkt:

   FRC(1.25) = FRC(-1.25) = 0.25 , FRC(3) = 0.

4. Durch

   INT(100*Z)/100

   wird jede Dezimalzahl Z auf zwei Nachkommaziffern a b g e s c h n i t t e n.
   (Beispiel: 1,2345 → 123,45 → 123 → 1,23)

   Verallgemeinern Sie diese "Abschneide-Funktion" für n Nachkommaziffern!

5. Durch

   INT(100*Z + 0.5)/100

   wird jede Dezimalzahl Z auf zwei Nachkommaziffern g e r u n d e t (im Sinne der 4/5-Rundung).
   (Beispiel: 1,2378 → 123,78 → 124,28 → 124 → 1,24)

   Verallgemeinern Sie diese Rundungs-Funktion für n Nachkommaziffern!

6. Durch

   INT(R/10) - 10*INT(R/100)

   kann die Z e h n e r z i f f e r einer natürlichen Zahl gewonnen werden.

   Beispiel: 123 ↗ 12,3 → 12 ; ↘ 1,23 → 1,00 → 10 ; 12 ⊖ 10 ⟶ 2

   Geben Sie an, wie man Einerziffer, Hunderterziffer, Tausenderziffer etc. erhält!

7. Was bewirkt (Z*100 - INT(Z*100))/100 ?

8. Ein Geldbetrag in Pfennigen soll in Mark und Pfennig ausgegeben werden.

9. Es soll geprüft werden, ob von zwei gegebenen Zahlen die eine ein T e i l e r der anderen ist.

5. Anwendungen

In diesem Kapitel wollen wir unsere bisher erworbenen Programmierkünste auf einige interessante speziellere Probleme anwenden.

5.1 Textverarbeitung

Ist ein sprachlicher Text gegeben, so kann man sich für gewisse charakteristische Eigenschaften interessieren, z.B. die mittlere Länge der Sätze oder der Worte, die Buchstabenhäufigkeit etc.: daran lassen sich häufig Verfasser identifizieren. Eine Firma, welche Abreibebuchstaben herstellt, muß die Buchstabenhäufigkeit der einzelnen Sprachen kennen (aus Belgien kommende Bogen weisen für unsere Verhältnisse viel zu wenig u's auf).
Weiter kann man aus gegebenen Wörtern neue zusammensetzen, Wörter ändern (z.B. bei Verschlüsselungsaufgaben, siehe Seite 50), aus Wörtern Silben herauslösen oder einfügen, bestimmte Wörter heraussuchen u.v.a.m.; dergleichen nennt man T e x t v e r a r b e i t u n g .

Wie immer beginnen wir mit einem ganz einfachen Problemchen:

<u>Aufgabe</u> 1. Ein gegebenes Wort soll "rückwärts gelesen" wieder ausgegeben werden (Zeichenumkehr); aus "Lager" soll beispielsweise "Regal" werden.

Um diese Aufgabe zu lösen, muß der Rechner e i n z e l n e Buchstaben aus einem Wort herausgreifen können: hierfür existieren die Anweisungen <u>LEFT$</u>, <u>RIGHT$</u> und <u>MID$</u>. Mit diesen Anweisungen kann man sogar ganze Teilketten aus einer Zeichenkette herausbrechen, wobei sich die Anzahl der herausgegriffenenen Buchstaben vorschreiben läßt.
Sei eine Zeichenkette A$:= "HUNDSAFFE" gegeben.

Dann wirken die genannten Anweisungen wie folgt:

```
20 PRINT LEFT$(A$,4)      ──>   HUND
```

greift die ersten vier Buchstaben aus A$ heraus

```
30 PRINT RIGHT$(A$,4)     ──>   AFFE
```

greift die letzten vier Buchstaben, d.h. die ersten vier von rechts, aus A$ heraus

```
40 PRINT MID$(A$,2,3)     ──>   UND
```

greift vom zweiten Buchstaben an drei Buchstaben heraus

```
50 PRINT MID$(A$,5,1)     ──>   S
```

pickt das 5. Zeichen (von links) heraus

Mit dieser letzten Funktion ist unsere Aufgabe unmittelbar lösbar:

```
10  REM   * ZEICHENUMKEHR *
20  :
30  INPUT "WIE HEISST IHR WORT "; A$
40  PRINT "RUECKWAERTS GELESEN: ";
50  :
60  FOR  I = LEN(A$) TO 1 STEP -1
70    PRINT MID$(A$,I,1);
80  NEXT I
90  END
```

Dialog:

```
RUN

WIE HEISST IHR WORT? REGAL
RUECKWAERTS GELESEN: LAGER
```

In Zeile 60 wurde eine Funktion LEN benutzt: sie gibt die A n z a h l der Buchstaben der Zeichenkette an:

```
60  PRINT LEN("REGAL")
```
→
```
5
```

Bei obigem Programm wurden die einzelnen Buchstaben des gegebenen Wortes (in umgekehrter Reihenfolge) gedruckt. Der Rechner hat aber keine neue Zeichenkette gebildet, mit der wir weiterarbeiten könnten.
Wollen wir aus den einzelnen Buchstaben wieder ein Wort machen, müssen wir sie "verketten" (aneinanderreihen). Dazu dient die Operation + (nicht mit der Addition von Zahlen zu verwechseln!).
Einfaches Demonstrationsprogramm:

```
10  REM  *VERKETTUNG *
20  :
30  LET A$ = "FUSS"
40  LET B$ = "BALL"
50  LET C$ = A$ + B$
60  PRINT C$
70  END

RUN
FUSSBALL
```

Aufgabe 1 löst sich damit wie folgt:

```
 10  REM   *ZEICHENUMKEHR 2*
 20  :
 30  INPUT "WIE LAUTET IHR WORT "; A$
 40  :
 50  LET L = LEN(A$)     :REM WORTLAENGE
 60  LET B$ = MID$(A$,L,1)
 70  FOR I = L-1 TO 1 STEP -1
 80    LET B$ = B$ + MID$(A$,I,1)
 90  NEXT I
100  :
110  PRINT "RUECKWAERTS GELESEN: "; B$
120  END
```

Nützlich als Übung zur Unterscheidung von Zahl und Zeichenkette ist folgende

---

Aufgabe 2. Zu einer gegebenen natürlichen Zahl soll ihre Q u e r s u m m e angegeben werden (Beispiel: 123 hat die Quersumme 1+2+3 = 6).

---

1. Lösung (numerisch). Durch bestimmte Rechenoperationen werden die einzelnen Ziffern der gegebenen Zahl herausgeholt und addiert. Die Hunderterziffer z.B. ist hier INT(123/100); vgl. Aufgabe 6 von Kapitel 4.

2. Lösung (mittels Zeichenketten). Die gegebene Zahl wird als Zeichenkette aufgefaßt; der Weg ist folgender:
Zahl → Zeichenkette → Ziffern herauspicken → Ziffern als Zahlen interpretieren → Ziffern addieren.

Programm:

```
 10  REM    * QUERSUMME *
 20  :
 30  INPUT "GEBEN SIE DIE ZAHL EIN "; A$
 40  :
 50  FOR I = 1 TO LEN(A$)
 60    LET Q = Q + VAL(MID$(A$,I,1))
 70  NEXT I
 80  :
 90  PRINT "DIE QUERSUMME IST "; Q
100  END
```

```
RUN

GEBEN SIE DIE ZAHL EIN ? 1234
DIE QUERSUMME IST 10

READY
■
```

Die Funktion VAL macht aus einer Zahl, die als Zeichenkette gilt, wieder eine "echte" Zahl (d.h. ein Objekt, auf das die arithmetischen Operationen angewandt werden können).

```
70 PRINT VAL("5")   ⟹   5
```

A u f g a b e n

3. Schreiben Sie ein Programm, welches überprüft, ob ein eingegebenes Wort s y m m e t r i s c h ist oder nicht.
   (Beispiel: "OTTO" ist symmetrisch.)

4. Ein Programm ist zu schreiben, das aus einem gegebenen Text alle symmetrischen Wörter heraussucht.

5. Alle Wörter eines Satzes sollen in umgekehrter Reihenfolge
   a) der einzelnen Buchstaben
   b) der Wörter
   ausgegeben werden.

6. Ein Demonstrationsprogramm für die Beziehung

   LEN(A$ + B$) = LEN(A$) + LEN(B$)

   ist zu schreiben.

7. Ein Text ist gegeben. Gesucht ist ein Programm, welches
   a) die mittlere Wortlänge
   b) die mittlere Satzlänge
   ermittelt.

8. Zu einem gegebenen Wort soll die sog. L e t t e r n m e n g e gebildet werden.
   (Beispiel: die Letternmenge von "OTTO" ist {O,T}).

9. Zu einem gegebenen Wort ist anzugeben, wieviele V o k a l e es enthält.

10. In einem gegebenen Wort (bzw. Text) soll ein vorgegebener Buchstabe durch einen anderen ersetzt werden.
    (Beispiel: WANNE → WATTE , d.h. N wurde durch T ersetzt.)

11. Ein Programm ist gesucht, welches Zahlen s t e l l e n r i c h t i g untereinanderschreibt.

    Beispiel:
    ```
     10.15
      0.78
    189.23
    ```

12. Aus einem Text sollen alle L e e r z e i c h e n entfernt werden.

5.2 Simulation mit Zufallszahlen

Lassen wir doch einmal folgendes kleine Programm laufen!

```
10  FOR I = 1 TO 16 : PRINT RND(1),: NEXT I
```

```
RUN

0.196324   0.432983   0.706280   0.001380
0.505007   0.809919   0.320202   0.207207
0.935759   0.322638   0.402983   0.751454
0.703480   0.912517   0.871806   0.107896
```

Der Rechner hat uns 16 Zahlen zwischen 0 und 1 ausgedruckt. Erkennen wir eine Regelmäßigkeit?
Das wäre schlecht, denn mit diesen Zahlen soll zufallsbedingtes Geschehen nachgespielt ("simuliert") werden. BASIC besitzt eine Funktion RND (von engl. random = zufällig), die Zahlen aus dem Intervall (0,1) erzeugt, welche scheinbar regellos, "zufällig" aufeinanderfolgen.

Scheinbar regellos deshalb, weil ja zur Erzeugung dieser Zahlen ein Algorithmus, also doch eine Regel, vorhanden sein muß. Auf die Kunst, solche Pseudo-Zufallszahlen zu erzeugen, können wir hier nicht eingehen.
Mit diesem Zufallszahlen-Generator wollen wir jetzt das Werfen einer symmetrischen Münze nachspielen.

```
10  REM     * MUENZWURF *
20  :
30  INPUT "WIE VIELE WUERFE "; N
40  :
50  FOR I = 1 TO N
60    IF RND(1) <= 0.5 THEN PRINT "Z";: GOTO 80
70       PRINT "W";
80  NEXT I
90  END
```

```
RUN
WIE VIELE WUERFE? 20
Z Z W Z W W W Z Z W W Z Z W Z W W W Z Z
READY
■
```

Zeile 60 bewirkt, daß "Z" (Zahl) gedruckt wird, wenn die jeweilige Zufallszahl $\leqq$ 0.5 ist; andernfalls "W" (Wappen).

Statt der Fallunterscheidung "Zufallszahl $\leqq$ 0.5" hätten wir auch eine explizite Formel zur Erzeugung von Nullen und Einsen benutzen können,

nämlich INT(2*RND(1)).

Um einen W ü r f e l zu simulieren, nehmen wir die Funktion

INT(6*RND(1)) + 1

ohne diese 1 würden die Zahlen 0,1,2,3,4,5 erzeugt

Wir wollen einmal testen, ob unser Computer-Würfel nicht g e f ä l s c h t ist; zu diesem Zweck soll eine Häufigkeitsverteilung der Ausfälle 1,2,3,4,5,6 gedruckt werden:

```
 10  REM    * WUERFELSTATISTIK *
 20  :
 30  INPUT "WIE VIELE WUERFE "; N
 40  :
 50  FOR L = 1 TO N
 60    I = INT(6*RND(1))+1
 70    LET H(I) = H(I)+1
 80  NEXT L
 90  :
100  FOR I=1 TO 6
110    PRINT H(I)
120  NEXT I
130  END
```

wenn der Ausfall I kommt, wird beim I-ten Fach um eins weitergezählt

```
RUN
WIE VIELE WUERFE? 1000
148  175  161  165  175
READY
■
```

Die Ergebnisse schwanken um den erwarteten Wert 167 ; die Eins kam etwas selten vor - aber dies kann Zufall gewesen sein.

*

Spielen Sie einmal folgendes kleine Ratespiel gegen den Computer!

```
10  REM       * ZAHLENRATEN *
20  :
30  LET N = INT(100*RND(1))+1
40  :
50  INPUT "WELCHE ZAHL HAB ICH IM SINN "; R
60  IF R=N THEN PRINT "RICHTIG GERATEN!": END
70    IF R > N THEN PRINT "ZU HOCH! ";:GOTO 90
80       PRINT "ZU NIEDRIG! ";
90    PRINT "RATE NOCHMALS": PRINT : GOTO 50
```

Aufgabe 13. Ändern Sie das Programm so ab, daß am Schluß die Anzahl der Versuche bis zum Erfolg mit angegeben (und kommentiert) wird.

Aufgabe 14. Das Programm soll so erweitert werden, daß der Spieler vorweg bestimmen kann, in welchem Bereich die zu ratende Zahl (welche der Computer zufällig auswählt) liegt.

Aufgabe 15. Ein in Amerika weitverbreitetes Würfelspiel geht folgendermaßen: unter den Spielern gehen reihum zwei Würfel um, jeder tätigt einen Doppelwurf. Beträgt die Augensumme 2 oder 3 oder 12, so hat der betreffende Spieler verloren und muß einen ausgeben; erscheint 7 oder 11 , so hat er gewonnen und gibt die Würfel an den Nachbarn weiter. Bei den übrigen Ausfällen ist die Partie noch nicht beendet: man notiert die eben erzielte Ausgensumme (sie heißt "Punkt") und würfelt anschließend solange weiter, bis man entweder noch einmal

den vorher gehabten Punkt erzielt (auch dann hat man gewonnen), oder eine 7 wirft, was diesmal als Verlust ("crabs") gilt.
Es ist ein Programm zu schreiben, mit dem man das Spiel per Computer nachvollziehen kann.

Ablaufplan für eine Partie CRABS:

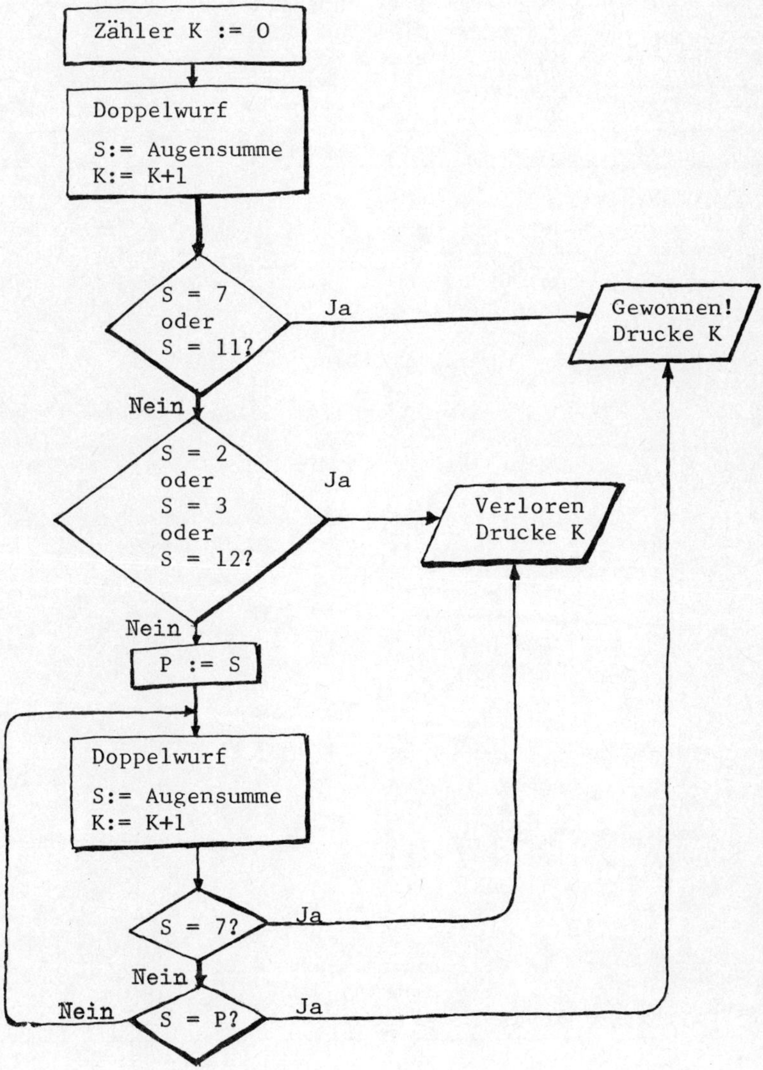

```
 10 REM     * WUERFELSPIEL CRABS *
 20 :
 30 LET S = INT(6*RND(1)) + INT(6*RND(1)) + 2 : K=K+1
 40 IF S=7 OR S=11 THEN PRINT "GEWONNEN!":GOTO 100
 50   IF S=2 OR S=3 OR S=12 THEN ?"VERLOREN!":GOTO 100
 60     LET P = S
 70 LET S = INT(6*RND(1)) + INT(6*RND(1)) + 2 : K=K+1
 80 IF S <> 7 AND S <> P THEN 70
 90    IF S = 7 THEN PRINT "VERLOREN!": GOTO 110
100       IF S = P THEN PRINT "GEWONNEN!"
110 PRINT "ES WAREN "; K ;"WUERFE"
120 END
```

Aufgaben

16. Ändern Sie das Crabs-Programm so ab, daß die Anzahl der zu spielenden Partien vorgegeben werden kann, und am Ende gedruckt wird, welcher Anteil an Partien gewonnen wurde (Schätzung der Gewinnwahrscheinlichkeit), und wie lange eine Partie im Mittel dauerte.

17. Erzeugen Sie einen "Zufallsregen" auf dem Bildschirm.

18. Schreiben Sie ein Programm, das eine gefälschte Münze simuliert, und zwar soll "Zahl" mit einer Chance von 55% erscheinen. Testen Sie die Münze mit 1000 Würfen.

19. Ein Programm ist gesucht, mit dem das (unabhängige) Werfen zweier Würfel simuliert wird. Eine Häufigkeitsverteilung für die Augensumme soll ausgegeben werden.

20. Ein Käfer der bekannten Art Scarabäus stochasticus (er hört auf den Namen "Arthur") krabbelt auf den Kanten eines regelmäßigen Tetraeders; für jede Kante benötigt er eine Minute. Kommt Arthur an eine Ecke, zieht er einen Würfel heraus: wirft er 1 oder 2, kriecht er zurück, wirft er 3 oder 4, kriecht er nach rechts, sonst nach links. Kommt Arthur nach Z, bleibt er kleben und ist tot. Schreiben Sie ein Programm, das diesen Vorgang simuliert und lassen Sie ausdrucken, wie lang der Käfer im Mittel lebt.

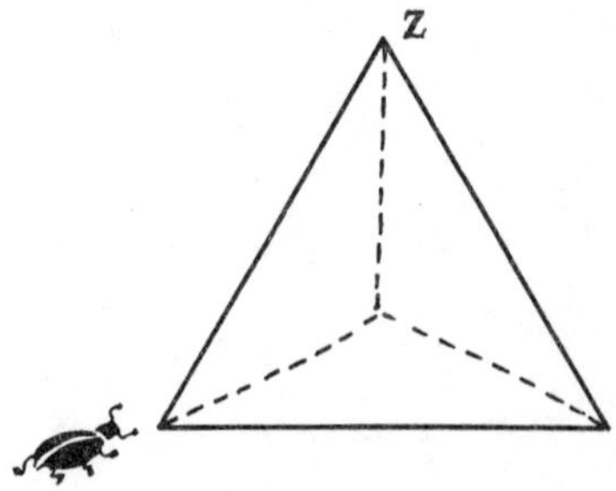

5.3 Sortieren

Aufgabe 21. Es werden n Zahlen (bzw. Namen) eingegeben. Der Computer soll sie der Größe nach (bzw. alphabetisch) geordnet ausdrucken.

Die hier vom Computer verlangte Tätigkeit heißt Sortieren; sie ist die in der Praxis häufigste Aufgabe der Datenverarbeitung. Es gibt sehr viele Sortierverfahren (einen einfachen Spezialfall haben wir bereits in Kap. 2, Aufgabe 5 (Seite 30) kennengelernt); sie besitzen diverse Vor- und Nachteile hinsichtlich Schnelligkeit, Speicherplatzbedarf etc. Wir wollen im folgenden einige einfache davon kennenlernen.

a) Sortieren durch Auswahl

Die gegebenen Zahlen seien bereits in ein lineares Feld $a_1, a_2, \ldots, a_n$ eingeschrieben worden. Eine naheliegende Idee ist folgende: zunächst wird das kleinste Element aller n Zahlen ausgewählt und auf den ersten Platz gesetzt, d.h. das Element a_1 und das minimale Element tauschen die Plätze. Jetzt suchen wir unter den verbliebenen Elementen $a_2, a_3, \ldots, a_n$ wieder das minimale Element und setzen es auf den zweiten Platz, d.h. dieses zweitkleinste Element und a_2 tauschen die Plätze; und so geht es weiter. Allgemein: aus $a_i, a_{i+1}, \ldots, a_n$ suchen wir das kleinste Element und vertauschen es mit a_i; dies wiederholen wir, bis $i = n-1$ ist.
Der Algorithmus läßt sich damit ganz grob folgendermaßen beschreiben:

```
Eingabe der n Zahlen
Für i von 1 bis n-1 wiederhole
    Bestimme das i-kleinste Element und
    vertausche es mit dem i-ten Element
Ausgabe der sortierten Zahlen
```

Etwas verfeinert:

<u>Eingabe</u> $a_1, a_2, \ldots, a_n$
<u>Für</u> i <u>von</u> 1 <u>bis</u> n-1 <u>wiederhole</u>
    a := Min($a_i, \ldots, a_n$)
    Vertausche a_i mit a
<u>Ausgabe</u> $a_1, a_2, \ldots, a_n$

Den Teilalgorithmus (Prozedur) Min($x_1, x_2, \ldots, x_m$) kennen wir im wesentlichen bereits aus Kap.2 (Seite 48; dort hieß es "Maximum"), ebenso das Vertauschen zweier Elemente. Damit läßt sich das Verfahren programmieren - leider gibt es in BASIC keine Prozeduren.

```
 10  REM     ** SORTIEREN DURCH AUSWAHL **
 20  :
 30  REM      * EINGABE *
 40  INPUT "WIE VIELE ZAHLEN "; N
 50  DIM A(N)
 60  FOR I = 1 TO N : INPUT A(I) : NEXT I
 70  :
 80  FOR I = 1  TO  N-1
 90    REM    * SUCHEN DES I-KLEINSTEN ELEMENTS *
100    LET K = I
110    FOR J = I + 1  TO  N
120      IF A(K) <= A(J) THEN 140
130         LET K = J
140    NEXT J
150    :
160    REM    * VERTAUSCHEN *
170    LET H = A(I) : LET A(I) = A(K) : LET A(K) = H
180    :
190    REM    * DRUCKEN DES I-KLEINSTEN ELEMENTS *
200    PRINT A(I);
210 NEXT I
220 END
```

k ist die Nummer des jeweils kleinsten Elements

Diskussion des Verfahrens. Vorteilhaft ist, daß für die sortierten Elemente die gleichen Speicherplätze verwendet werden können wie für die unsortierten: der Speicherplatzbedarf ist also minimal.

Nachteilig hingegen ist die große Zahl von (notwendigen) Vergleichen, nämlich $\frac{1}{2}n(n-1)$: das Verfahren ist also langsam. Doch läßt sich Zeit sparen, wenn Zentraleinheit und Drucker überlappend arbeiten: unmittelbar, nachdem das i-kleinste Element gefunden ist, kann es ausgedruckt werden; währenddessen wird der Sortiervorgang fortgesetzt. Andererseits müssen zu Beginn des Verfahrens alle Daten vorhanden, d.h. im Feld gespeichert sein.

Man könnte daher daran denken, bei der Eingabe Zeit zu sparen: dies führt auf das Verfahren "Sortieren durch Einfügen" (Aufgabe 25).

Aufgabe 22. Stellen Sie den Zeitbedarf des Verfahrens a) bei unsortierten, b) bei vollständig sortierten Daten fest und vergleichen Sie!

(Anleitung: Statt der Eingabe über Tasten können Sie N Zufallszahlen zwischen 1 und z.B. 100 nehmen.)

Bei vollständig sortierten Daten braucht der Rechner genauso viele Vergleiche (und damit Zeit) wie bei unsortierten: dies ist unökonomisch. Denn in der Praxis kommen häufig teilweise sortierte Daten vor - und man möchte natürlich, daß dies zu entsprechend weniger Zeitaufwand führt. Die zweite Methode trägt dem Rechnung (wir lernten sie für den Fall $n = 3$ in Kap. 2, Seite 30 kennen).

b) Sortieren durch Austausch

Der Rechner soll im Verlauf des Verfahrens jeweils feststellen, ob die Daten schon sortiert sind; wie macht er das? -

Nun, er vergleicht a_1 mit a_2, a_2 mit a_3 und so fort. Wenn keine "Fehlstelle", d.h. kein Paar von Elementen in der falschen Reihenfolge auftritt, gibt es nichts (mehr) zu sortieren. Wenn aber Fehlstellen angetroffen werden, so beseitigt der Rechner sie durch Vertauschen.

Beispiel:

	a_1	a_2	a_3	a_4	a_5	a_6	a_7
	3	15	8	1	5	10	7
1. Durchgang	3	15	8	1	5	7	10
	3	15	1	8			
	3	1	15				
	1	3					
2. Durchgang	1	3	15	5	8	7	10
	1	3	15	5	7	8	
	1	3	5	15			
3. Durchgang	1	3	5	7	15	8	10
4. Durchgang	1	3	5	7	8	15	10

Im 5. Durchgang werden schließlich noch 15 und 10 vertauscht. Bei diesem Beispiel wurde das Feld immer von rechts nach links auf Fehlstellen hin durchmustert; dabei rückte bei jedem Durchgang das jeweils i-kleinste Element auf seine endgültige Position.

Aufgabe 23. Führen Sie das Verfahren an dem gegebenen Beispiel durch, indem Sie das Feld jeweils von links nach rechts auf Fehlstellen durchsuchen (und die erforderlichen Vertauschungen vornehmen): dann wandert im ersten Durchgang das größte Element ganz nach rechts ("Nachobentausch") u.s.w.

Eine Schwierigkeit ist noch zu überwinden. Da mit einem Durchlauf der Sortiervorgang i.a. noch nicht beendet ist, muß der Rechner mehrere Durchläufe vornehmen. Die Abbruchbedingung "Sortierung vollständig" muß nun in die Form eines Vergleichs gebracht werden (denn nur solche Vergleiche können als Bedingungen auftreten). Zu diesem Zweck benutzt man Aussagen der Form "$F = 0$" bzw. "$F = 1$"

mit einer Hilfsvariablen F (genannt: "Flagge"). Wenn bei einem Durchlauf eine Vertauschung stattgefunden hat, also eventuell noch ein weiterer Durchlauf nötig ist, wird F := 1 gesetzt ("Flagge gehißt"); zu Beginn jedes Durchlaufs wird F := 0 gesetzt ("Flagge gesenkt"): bleibt die Flagge während des gesamten Durchlaufs gesenkt, ist keine Fehlstelle mehr aufgetreten, der Sortiervorgang beendet. Die Abbruchbedingung lautet also "F = 0".
Damit kann der Algorithmus aufgeschrieben werden:

SORTIEREN DURCH AUSTAUSCH

<u>Eingabe</u> $a_1, a_2, \ldots, a_n$
<u>Wiederhole</u>
    F := 0
    <u>Für</u> i <u>von</u> 1 <u>bis</u> n-1 <u>wiederhole</u>
        <u>Wenn</u> $a_i > a_{i+1}$
            <u>dann</u> Vertausche a_i, a_{i+1}
                F := 1
<u>bis</u> F = 0
<u>Ausgabe</u> $a_1, a_2, \ldots, a_n$

```
 10 REM        ** SORTIEREN DURCH AUSTAUSCH **
 20 :
 30 REM         * EINGABE *
 40 INPUT "WIE VIELE ZAHLEN "; N
 50 DIM A(N)
 60 FOR I=1 TO N : A(I) = INT(100*RND(1)) : NEXT I
 70 :
 80 F=0     : REM FLAGGE SENKEN
 90 FOR I=1 TO N-1
100   IF A(I) <= A(I+1) THEN 130
110      H=A(I) : A(I)=A(I+1) : A(I+1)=H
120      F=1    : REM FLAGGE HISSEN
130 NEXT I
140 :
150 IF F=1 THEN 80    : REM NEUER DURCHLAUF
160 :
170 REM         * AUSGABE *
180 FOR I=1 TO N : PRINT A(I) : NEXT I
190 END
```

24. Schreiben Sie die Programme "Sortieren durch Auswahl" und "Sortieren durch Austausch" auf Zeichenketten um!

25. Schreiben Sie ein Programm, welches folgendes Verfahren ("Sortieren durch Einfügen") realisiert:

Wie von einem Skatspieler, der jede neue Karte in das vorhandene Blatt richtig einordnet, wird jedes neu eingegebene Element an der richtigen Stelle eingefügt. Die Elemente A(1) bis A(I) seien schon sortiert; das neue Element A(I+1) wird nun mit A(I) verglichen und mit ihm vertauscht, falls es kleiner ist, dann folgt der Vergleich mit A(I-1) und so fort: dies solange, bis die richtige Stelle gefunden ist. Die Elemente, welche größer sind, müssen eine Stelle nach rechts verschoben werden, um für das neue Element Platz zu schaffen.

★

„Ich hatte gesagt: Nicht wackeln, während ich rechne!"

6. Futter für Knobler

1. Stellenwertsysteme

   a) Eine Zahl im Dezimalsystem ist in eine Dualzahl umzuwandeln und umgekehrt.

   b) Eine Zahldarstellung im Dezimalsystem ist ins Dreier- (Vierer-, Achter-, Zwölfer-,...) System umzuwandeln und zurückzuverwandeln.

   c) Eine Umwandlung (z.B.) Dreiersystem → Achtersystem ist vorzunehmen; andere Kombinationen.

2. Römisches Zahlsystem

   Eine Dezimalzahl ist in die römische Zahlschreibweise zu verwandeln und umgekehrt.

3. Perioden der Dezimalzahlen

   a) Die Dezimalzahl (z.B.) 25/31 = 0.806451612... soll ziffernweise ausgegeben werden
   o endlos o Stop nach Perioden-Ende.

   b) Zu jedem Nenner q ist die Länge der Periode des Bruches p/q zu bestimmen
   (Z.B. 1/7 = 0,14285714285714..., Periodenlänge: 6)
   Vermutungen zur Periodenlänge?

   c) Die relative Häufigkeit jeder Ziffer einer Periode ist festzustellen. Allgemeine Behauptung?

4. Teiler

   a) Zu einer natürlichen Zahl n sind ihre Teiler anzugeben.

   b) Zu einer natürlichen Zahl n ist die Anzahl $d(n)$ ihrer Teiler anzugeben.

   c) Alle natürlichen Zahlen mit genau k Teilern sind anzugeben.
   Vermutung für $k = 3, 4, 5, \ldots, 2r+1, \ldots$?

   d) Die kleinste natürliche Zahl mit gegebener Teileranzahl ist zu suchen.

5. Vollkommene Zahlen

   Sei $s(n)$ die Summe der echten Teiler einer Zahl, z.B. ist $s(6) = 1+2+3 = 6$. Eine Zahl heißt vollkommen, wenn sie der Summe ihrer echten Teiler gleich ist: $s(n) = n$. Z.B. ist 6 eine vollkommene Zahl. Schreiben Sie ein Suchprogramm.

6. Eine Aufgabe von FERMAT

   Gesucht n mit $s(n) = kn$.

7. Größter gemeinsamer Teiler (schnelle Algorithmen)

8. Kleinstes gemeinsames Vielfaches (unterschiedliche Verfahren)

9. Befreundete Zahlen

   Die Zahlen n und m bilden ein Paar befreundeter Zahlen, wenn $s(n) = m$ und $s(m) = n$.

   (Beispiel: 220 und 284).

   Finden Sie weitere Paare.

10. PYTHAGORÄISCHE Zahlentripel

    Drei natürliche Zahlen a, b, c bilden ein PYTHAGORÄisches Zahlentripel, wenn $a^2 + b^2 = c^2$. Ein Tripel heißt primitiv, wenn a,b,c teilerfremd sind. Suchen Sie alle primitiven Tripel.

11. Zufallsteiler

    Eine natürliche Zahl $k \leqq n$ heißt Zufallsteiler von n, wenn $n \varepsilon V_k^*$ gilt.

    Die Menge V_k^* (= Menge der Zufallsvielfachen von k) entsteht wie folgt: Die natürlichen Zahlen werden der Reihe nach durchlaufen, und jede wird mit der Wahrscheinlichkeit 1/k gekennzeichnet, markiert: eine so markierte Zahl heißt Zufallsvielfaches von k.

    Ermitteln Sie Zufallsteiler-Mengen und machen Sie Aussagen analog zu Aufgabe 4.

12. ULAM - Sieb

    In Kap.2, Aufgabe 43 (Seite 50) haben wir das Sieb des ERATOSTHENES zur Primzahlermittlung programmiert.

    Ein anderes Sieb hat der Mathematiker ULAM wie folgt konstruiert: zunächst werden - sagen wir - die Zahlen von 1 bis 100 aufgeschrieben. Nun läßt man die 1 stehen und streicht jede zweite Zahl nach ihr aus: damit werden alle geraden Zahlen eliminiert. Als nächste Zahl überlebt die 3; von ihr an wird jede dritte gestrichen: damit verschwinden 5,11,17,23 etc. Die nächste überlebende Zahl ist 7; von ihr an wird jede siebte gestrichen: dadurch stirbt 19, 39 etc. Und so geht es fort.

Die schließlich überlebenden Zahlen heißen g l ü c k - l i c h e Zahlen; ihre Folge beginnt mit

1,3,7,9,13,15,21,25,...

a) Ermitteln Sie die glücklichen Zahlen unter 1000.

b) Ermitteln Sie die Anzahl der glücklichen Zahlen in den Intervallen bis 100, bis 200, bis 300 usf. Vergleichen Sie mit der Häufigkeit der Primzahlen!

13. Gegeben ist eine natürliche Zahl n . Wenn man ihre Ziffern miteinander multipliziert, erhält man eine neue Zahl; deren Ziffern multipliziert man wieder miteinander und so fort.
(Beispiel: 98 → 72 → 14 → 4)
Die Anzahl der Schritte, bis eine e i n z i f f r i g e Zahl entsteht, heißt die A u s d a u e r a(n) von n; z.B. ist a(98) = 3.

a) Eine Tabelle der Ausdauer a(n) für alle $n \leqq 100$ ist gesucht.

b) Welches ist die kleinste Zahl mit gegebener Ausdauer 1,2,3,4,...?
(Beispiel: die kleinste Zahl mit Ausdauer 2 ist 25)

c) Gibt es eine Zahl mit maximaler Ausdauer?

14. v. NEUMANNsche Z u f a l l s z a h l e n

Der Mathematiker John von NEUMANN hat auf folgende Weise Zufallszahlen erzeugt: Er beginnt mit einer Zahl von 2k Ziffern. Ihr Quadrat hat dann 4k Ziffern, von denen er die (k+1)-te bis 3k-te nimmt, wieder quadriert und so fort.
(Beispiel: Für k = 2 erhält man bei der Startzahl 4321 → 6710 → 0241 → 0580 → ...).

a) Untersuchen Sie den Fall k = 1 genauer und stellen Sie das Zahlennetz bildlich dar.

b) Untersuchen Sie, ob es S c h l e i f e n bzw. P e r i o d e n gibt.

15. Es soll $40! = 1 \cdot 2 \cdot 3 \cdot 4 \cdot \ldots \cdot 40$ berechnet werden.

16. Schreiben Sie ein Programm, welches B r ü c h e addieren kann; das Ergebnis soll vollständig gekürzt sein.

17. Das PASCAL-Dreieck soll auf dem Bildschirm erscheinen.

```
        1
      1   1
    1   2   1
  1   3   3   1
1   4   6   4   1
.....................
```

18. Gesucht sind Q u a d r a t z a h l e n

a) deren Doppeltes bis auf ± 1 wieder Quadratzahlen sind,

b) deren k-faches bis auf $\pm d$ wieder Quadratzahlen sind.

19. Ein zerstreuter Mathematiker hatte den Schlüssel für sein Gepäckfach verloren. Vor der Nummer wußte er allerdings noch, daß sie eine durch 13 teilbare dreistellige Zahl war, und daß sich die mittlere Ziffer als arithmetisches Mittel aus den beiden anderen Ziffern ergab. Schreiben Sie ein Suchprogramm!

20. Es sollen 1007 Personen auf Busse mit 13, 29 bzw. 41 Plätzen so verteilt werden, daß kein Platz leer bleibt. Der Computer soll ausgeben, welche Verteilungen möglich sind.
Die Busmiete kostet 420, 790 bzw. 980 DM. Es soll ermittelt werden, wieviel der Transport der 1007 Personen kostet.

21. Gesucht sind alle vierstelligen Zahlen abcd mit $a^b \cdot c^d = abcd$.

22. Kehrt man bei einer Zahl die Reihenfolge der Ziffern um, so erhält man ihre S p i e g e l z a h l.
Man nehme eine Quadratzahl, bilde ihre Spiegelzahl, multipliziere beide miteinander und teste die Vermutung, ob das Produkt wieder eine Quadratzahl ist.

23. Aus einer k-ziffrigen Zahl sollen r Ziffern so gestrichen werden, daß eine möglichst große Zahl übrigbleibt.

24. Der Computer soll ganzzahlige Lösungen a, b, c der Gleichung $a^3 + b^3 = 6c^3$ suchen.

25. Gesucht sind natürliche Zahlen n mit $n^2 - 1 = aabb$.

26. Für welche natürlichen Zahlen ergibt sich beim Wurzelziehen die Quersumme?

27. Die Summe der Kehrwerte von drei natürlichen Zahlen ist gleich dem Kehrwert einer natürlichen Zahl.

28. Unter n aufeinanderfolgenden natürlichen Zahlen gibt es immer eine, die zu allen übrigen teilerfremd ist. Suche Bereiche, wo dies der Fall ist.

29. Auf einer Schießscheibe haben die Ringe die Punktzahlen 23, 31, 36, 52 und 61. Wie kann man eine Summe von genau 200 Punkten erreichen, wenn jeder Schuß genau einen der fünf Ringe trifft?

30. Wie groß ist die Chance, daß von 20 Schülern eines Kurses mindestens zwei am gleichen Tag Geburtstag haben? Man schreibe ein Simulationsprogramm.

31. Ein Stab wird zweimal gebrochen. Mit welcher Wahrscheinlichkeit bilden die Bruchstücke ein Dreieck? Schreiben Sie ein Simulationsprogramm.

32. Auf welche Weisen kann man eine Deutsche Mark in kleineren Münzen wechseln?

33. B u c h s t a b e   g e s u c h t

Ich bin im Feuer, doch nicht in der Glut,
ich bin im Wasser, doch nicht in der Flut,
ich bin in der Erde, doch nicht im Boden,
in Gräbern und Grüften, doch nicht bei den Toten.

***

„Hab' ich mir doch tatsächlich im Treppenhaus von einem Vertreter 'was aufschwatzen lassen."

ANHANG

1. Lösungen

Zu Kapitel 1

3. (Seite 9)

f) $\frac{1}{3+5}$ g) $2 + 5^3$ h) $(2+5)^3$

4. a) 1/2 + 1/3 + 1/4 c) 12.5*3/7 + 1

5. (Seite 12)

```
10 PRINT 5.5*3.6*2.25
20 PRINT 2*2.25*(3.6 + 5.5)
30 END
```

7. (Seite 16)

```
10 INPUT A , B , C
20 PRINT A*(B + C)
30 PRINT (A + B)/(2*B + C)
40 END
```

8.

```
10 INPUT A1 , A2 , A3 , A4 , A5
20 PRINT (A1 + A2 + A3 + A4 + A5)/5
30 END
```

9. d) $\frac{a}{b}\cdot\frac{c}{d} + e$ h) $\frac{k}{2}$ i) $(a^b)^c = a^{bc}$

10.e) 2 + 1/(A + 1/B) f) B (X + 1)

g) (2*X 2 - 3*X + 5)/(7*X + 1)

12. (Seite 18)

```
10 LET KO = 1000
20 INPUT P
30 LET N = 6
40 LET K = KO*(1 + P/100)↑N
50 PRINT K
60 GOTO 20
70 END
```

14. (Seite 21)

In A , D , G befindet sich 1; in B , E , H befindet sich 2; in C und F befindet sich 3.

15. (Seite 21)

Auf dem Bildschirm wird 0.25 angezeigt.

16. Mit 1 Hilfsregister:

H := C , C := B , B := A , A := H

Ohne Hilfsregister:

C := A + B + C , A := C - (A + B) , B := C - (A + B) , C := C - (A + B)

Tabelle mit Anfangsbelegung A := 5 , B := 7 , C := 9

A	B	C
5	7	9
5	7	21
9	7	21
9	5	21
9	5	7

17. Lesen Sie noch einmal die Beschreibung der Wertzuweisung auf Seite 16 bis 20.

Dann wird ihnen klar werden, daß im Zusammenhang mit dem Schlüsselwort LET das Gleichheitszeichen nicht symmetrisch ist, d.h. der Name des Speicherplatzes, dem der neue Wert zugewiesen werden soll, muß links vom Gleichheitszeichen stehen.

19. (Seite 23)

```
 10 LET KO = 1000
 20 LET P = 4
 30 INPUT "LAUFZEIT IN JAHREN "; N
 40 PRINT
 50 LET K = KO*(1 + P/100)↑N
 60 PRINT "1000 DM WACHSEN ";
 70 PRINT "BEI 4 PROZENT ZINSEN"
 80 PRINT "IN "; N ; " JAHREN ";
 90 PRINT "AUF "; K ;" DM AN"
100 PRINT : PRINT
110 END
```

21. (Seite 26)

```
 10  REM    * LEBENSALTER *
 20  :
 30  INPUT "NAME "; A$
 40  PRINT
 50  INPUT "GEBURTSJAHR "; G
 60  INPUT "TODESJAHR "; T
 70  :
 80  LET A = T - G
 90  :
100  PRINT A$ ; " WURDE " ; A ; " JAHRE ALT"
110  END
```

Zu Kapitel 2

2. (Seite 30)

Verfahren

```
Eingabe  a , b
Wenn  a = b
      dann  Drucke: "die Zahlen sind gleich"
      sonst Suche Maximum
Ende
Verfeinerung Suche Maximum
      Setze  m := a
      Wenn  a < b
            dann  setze  m := b
      Drucke: "Maximum : "  m
```

Den ausgelagerten Programmteil "Suche Maximum" müssen wir bei der BASIC-Übersetzung ins Hauptprogramm einfügen, da wir für BASIC (noch) keine solche Auslagerung kennen.

```
 10  REM  *EIGENTLICHES MAXIMUM ZWEIER ZAHLEN*
 20  :
 30  PRINT "GEBEN SIE ZWEI ZAHLEN EIN!"
 40  PRINT
 50  INPUT "ERSTE ZAHL "; A
 60  INPUT "ZWEITE ZAHL "; B
 70  :
 80  IF A = B THEN PRINT "DIE ZAHLEN SIND GLEICH" : END
 90     :
100     LET M = A
110        IF A < B THEN LET M = B
120           PRINT "MAXIMUM: "; M
130  END
```

3. Verfahren:

<u>Eingabe</u> a , b , c
<u>Wenn</u> 2b + c = 0
  <u>dann</u> drucke "Nenner ist Null"
  <u>sonst</u> setze w := (a + b)/(2b + c)
    <u>Ausgabe</u> w
<u>Ende</u>

4.

```
10  REM    * BETRAG 1 *
20  :
30  INPUT "WELCHE ZAHL "; A
40  IF A < 0 THEN B = -A
50     B = A
60  PRINT "DER BETRAG VON "; A ;" IST "; B
70  END
```

Anmerkung: Bei der Wertzuweisung kann das Schlüsselwort LET auch weggelassen werden.

```
10  REM   * BETRAG 2 *
20  :
30  INPUT "WELCHE ZAHL "; A
40  PRINT "DER BETRAG VON "; A ;" IST ";
50  IF A < 0 THEN A = -A
60     PRINT A
70  END
```

5. (Sortieren von Namen, Seite 30)

Vorausgesetzt wird, daß der Rechner zwei Zeichenketten der alphabetischen Reihenfolge nach vergleichen kann. Wenn drei Namen, z.B. Christian, Benno, Anton in dieser Reihenfolge gegeben sind, so gehen wir beim Sortieren wie folgt vor: Zuerst lassen wir Christian ganz nach rechts wandern, und zwar mittels zweier Vergleiche:

A	B	C
Christian	Benno	Anton
Benno	Christian	Anton
Benno	Anton	Christian

Diese Operation "Nachobentausch" läßt sich wie folgt beschreiben:

Nachobentausch (A,B,C)

```
Wenn  A > B
      dann  Vertausche (A,B)
Wenn  B > C
      dann  Vertausche (B,C)
```

Jetzt steht das größte Element (Name "Christian") an der richtigen Stelle; es sind also nur noch die beiden restlichen richtig zu plazieren. Dazu brauchen wir einen Nachobentausch für zwei Elemente:

Nachobentausch (X,Y)

```
Wenn  X > Y
      dann  Vertausche (X,Y)
```

Die Operation Vertausche (X,Y) ist uns bereits wohlbekannt:

Vertausche (X,Y)

```
H := X ; X := Y ; Y := H
```

Das gesamte Verfahren sieht dann wie folgt aus:

Sortiere (A,B,C)

<u>Eingabe</u> A , B , C
<u>Nachobentausch</u> (A,B,C)
<u>Nachobentausch</u> (A,B)
<u>Ausgabe</u> A , B , C

Die selbständigen Programmteile Nachobentausch und Vertausche nennt man auch P r o z e d u r e n (siehe Seite 48).

Man hätte den Nachobentausch von drei Elementen durch den von zwei Elementen definieren können:

Not(A,B,C) = Not(A,B) ; Not(B,C).

In BASIC gibt es dergleichen nicht: die einzelnen Teilalgorithmen müssen im Hauptprogramm gemixt werden.

```
10 REM  * SORTIEREN *
20 :
30 INPUT A$, B$, C$
40 :
50 IF A$ > B$ THEN H$ = A$ : A$ = B$ : B$ = H$
60 IF B$ > C$ THEN H$ = B$ : B$ = C$ : C$ = H$ : GOTO 50
70 PRINT A$, B$, C$
80 END
```

Oder:

```
 10  REM      * SORTIEREN 2 *
 20  :
 30  INPUT  A$ , B$ , C$
 40  :
 50  IF  A$ <= B$ THEN 70
 60    H$ = A$  :  A$ = B$  :  B$ = H$
 70    IF B$ <= C$ THEN 100
 80       H$ = B$  :  B$ = C$  :  C$ = H$
 90       GOTO 50
100  PRINT A$ , B$ , C$
```

6. (Punkt auf Gerade , Seite 30)

Ein Punkt $P = (x_o, y_o)$ liegt genau dann auf der Geraden mit der Gleichung $y = mx + b$, wenn $y_o = mx_o + b$ erfüllt ist.

Verfahren:

<u>Eingabe</u> x_o, y_o {Koordinaten des Punktes}
m, b {Steigung und Höhenlage der Geraden}

<u>Wenn</u> $mx_o + b = y_o$
<u>dann</u> Drucke: "Punkt liegt auf der Geraden"
<u>sonst</u> Drucke: " Punkt liegt n i c h t auf der Geraden "

<u>Ende</u>

```
 10  REM   * PUNKT AUF GERADE *
 20  :
 30  PRINT "KOORDINATEN DES PUNKTES"
 40  INPUT XO , YO
 50  INPUT "GERADENSTEIGUNG "; M
 60  INPUT "HOEHENLAGE "; B
 70  PRINT
 80  :
 90  IF M*XO + B = YO THEN 120
100    PRINT "PUNKT LIEGT NICHT AUF DER GERADEN"
110    GOTO 130
120    PRINT "PUNKT LIEGT AUF DER GERADEN"
130  END
```

7. (FIBONACCI-Folge)

Es handelt sich um die berühmte Folge der sogenannten FIBONACCI-Zahlen, die in mathematischer Notation so beschrieben wird: $x_{n+1} = x_n + x_{n-1}$, $x_o = x_1 = 1$.

Programm:

```
10  A = 1 : B = 1
20  PRINT A : PRINT
30  PRINT "NOCH EINE ZAHL?"
40  INPUT B$
50  IF B$ <> "JA" THEN END
60    C = A : A = B : B = B + C
70    GOTO 20
80  END
```

9. (Seite 31)

Erste Möglichkeit:

```
Eingabe  a , b , c
Wenn  a < c
      dann  wenn  b < c
                  dann  m := c
                  sonst m := b
      sonst wenn  a < b
                  dann  m := b
                  sonst m := a
Ausgabe  m
Ende
```

Zweite Möglichkeit:

```
Eingabe  a , b , c
m := a
Wenn  m < b
      dann  m := b
Wenn  m < c
      dann  m := c
Ausgabe  m
```

```
 10  REM   * MAXIMUM *
 20  :
 30  INPUT  A , B , C
 40  :
 50  M = A
 60  IF  M < B  THEN  M = B
 70    IF  M < C  THEN  M = C
 80  PRINT
 90  PRINT "MAXIMUM: "; M
100  END
```

16. (Zahlenfolge 3k+2 , Seite 37)

```
k := 2
Wiederhole
  Drucke  k
  k := k + 3
bis  k > 101
Ende
```

```
10  K = 2
20  PRINT K;
30  K = K + 3
40  IF K > 101 THEN END
50    GOTO 20
60  END
```

17. (Zweierpotenzen)

```
k := 1  ; z := 1
Wiederhole
  Drucke  k
  k := 2k
  z := z+1
bis  z > 20
Ende
```

21. (Kapitalverdopplung, Seite 38)

a) Experimentelles Vorgehen im Dialog mit dem Rechner

1 Eingabe n

$K_o := 1000$

$p := 5$

$K := K_o(1+\frac{p}{100})^n$

Drucke k

2 {Von Hand} Wenn $K < 2K_o$

dann Erhöhe n geeignet

sonst Verringere n geeignet

Fahre mit 1 fort

b) Automatisch

$n := 1$; $K_o := 1000$; $p := 5$

$K := K_o(1 + p/100)^n$

Wenn $K < 2K_o$

dann $n := n+1$

25. (Zahlenpaare, Seite 39)

System:
(0,0)
(0,1); (1,0)
(0,2); (1,1); (2,0)
(0,3); (1,2); (2,1); (3,0)
....

Verfahren:

```
s := 0  {Summe der Komponenten a,b}
a := 0 ; b := 0

Drucke  a , b

Wiederhole

  s := s+1
  a := 0

  Wiederhole

    Drucke  a , b
    a := a+1
    b := s-a

  bis  b = 0

bis  s > 20
```

Programm:

```
 10  REM   * ALLE ZAHLENPAARE *
 20  :
 30  S = 0 : A = 0 : B = 0
 40  PRINT A;B,
 50  S = S+1
 60  IF S > 20 THEN 140
 70  PRINT
 80  A = 0
 90  B = S-A
100  IF B < 0 THEN 50
110    PRINT A;B,
120    A = A+1
130    GOTO 90
140  END
```

Variante des Verfahrens:

```
s := -1
Solange  s ≤ 20  wiederhole
   s := s+1
   a := 0
   b := s
   Solange  b ≥ 0  wiederhole
      Drucke  a , b
      a := a+1
      b := s-a
Ende
```

37. (Namensliste, Seite 47)

```
 10 REM       * NAMEN SUCHEN *
 20 :
 30 INPUT "GESUCHTER NAME "; N$
 40 :
 50 FOR I = 1 TO 5 : READ M$
 60   IF M$ = N$ THEN 90
 70      NEXT I
 80 PRINT "NAME IN DER LISTE NICHT ENTHALTEN" : END
 90 PRINT "NAME ALS";I;".ELEMENT ENTHALTEN"
100 :
110 DATA "ATHEN", "PARIS", "LONDON", "OSLO"
120 DATA "MADRID"
130 END
```

43. (Sieb des ERATOSTHENES, Seite 50)

Bekanntlich läuft das Streichverfahren wie folgt:

1 ~~2~~ 3 ~~4~~ 5 ~~6~~ 7 ~~8~~ ~~9~~ ~~10~~ 11 ~~12~~ 13 ~~14~~ ~~15~~ ...

Auf dem Rechner geht dies folgendermaßen:

Wir sehen für die Zahlen von 1 bis 100 ein lineares F e l d vor, das zunächst mit Nullen gefüllt wird. Streichen einer Zahl k bedeutet nun, daß die zugehörige Zelle a_k des Feldes (z.B.) mit einer 1 gefüllt wird:

1	2	3	4	5	6	7	8	9	10	11	12	13	14	15	...
			1		1		1	1	1		1		1	1	

Verfahren:

Sieb des ERATOSTHENES

Eingabe n

Setze Feld $(a_1, a_2, \ldots, a_n)$ auf Null

Für k von 2 bis n wiederhole

    Wenn $a_k = 0$ dann Drucke k ;
    Streiche alle
    Vielfachen von k ;

Verfeinerung: Setze Feld $(a_1, a_2, \ldots, a_n)$ auf Null

Für i von 1 bis n wiederhole

$a_i := 0$

Verfeinerung: Streiche alle Vielfachen von k

Für i von k bis n
mit Schrittweite k wiederhole

$a_k := 1$

Ende

Programm:

```
 10 REM    * SIEB *
 20 :
 30 INPUT N
 40 DIM A(N)
 50 FOR I = 1 TO N : A(I) = 0 : NEXT I
 60 :
 70 FOR K = 2 TO N
 80    IF A(K) <> 0 THEN NEXT K
 90    PRINT K;
100    FOR I = K TO N STEP K
110       A(I) = 1
120    NEXT I
130 NEXT K
140 END
```

44. (Geheimschrift, Seite 50)

Es bietet sich unmittelbar ein zweidimensionales Feld an, in das zeilenweise eingelesen und aus dem spaltenweise ausgelesen wird.

Verfahren:

Für i von 1 bis 4 wiederhole
    Für k von 1 bis 5 wiederhole
        Eingabe a_{ik}
Für k von 1 bis 5 wiederhole
    Für i von 1 bis 4 wiederhole
        Ausgabe a_{ik}

Programm:

```
 10 REM   ** GEHEIMSCHRIFT **
 20 :
 30 INPUT "ANZAHL DER ZEILEN "; Z
 40 INPUT "ANZAHL DER SPALTEN "; S
 50 PRINT
 60 DIM A$(Z,S)
 70 :
 80 REM    * EINLESEN *
 90 :
100 FOR I = 1 TO Z
110    FOR K = 1 TO S
120       INPUT A$(I,K)
130    NEXT K
140 NEXT I
150 :
160 REM    * AUSLESEN *
170 :
180 FOR K = 1 TO S
190    FOR I = 1 TO Z
200       PRINT A$(I,K);
210    NEXT I
220 NEXT K
230 END
```

Zu Kapitel 3

9. (Verbindungsgerade, Seite 63)

P_1 und P_2 liegen genau dann auf der Geraden, wenn die Gleichungen

$$\left.\begin{aligned} y_1 &= mx_1 + b \\ y_2 &= mx_2 + b \end{aligned}\right\} (*)$$

erfüllt sind, aus denen m und b zu bestimmen ist. Im Fall $x_1 \neq x_2$ ergibt sich als Lösung

$$m = \frac{y_2 - y_1}{x_2 - x_1} \quad \text{und} \quad b = \frac{x_2 y_1 - x_1 y_2}{x_2 - x_1}.$$

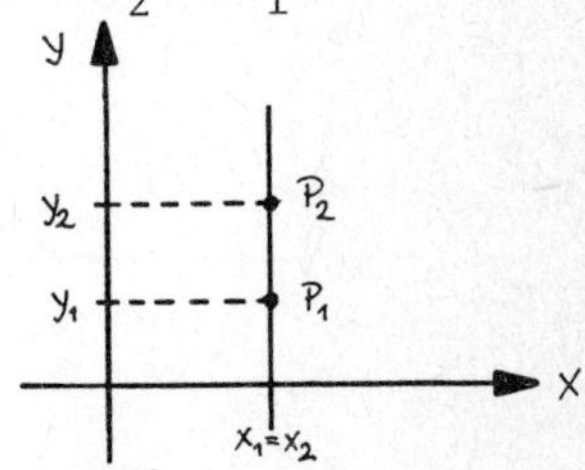

Ist $x_1 = x_2$, aber $y_1 \neq y_2$, so haben obige Gleichungen keine Lösung; doch gibt es eine eindeutig bestimmte Verbindungsgerade:

$$g = \{(x,y) \mid x = x_1\}.$$

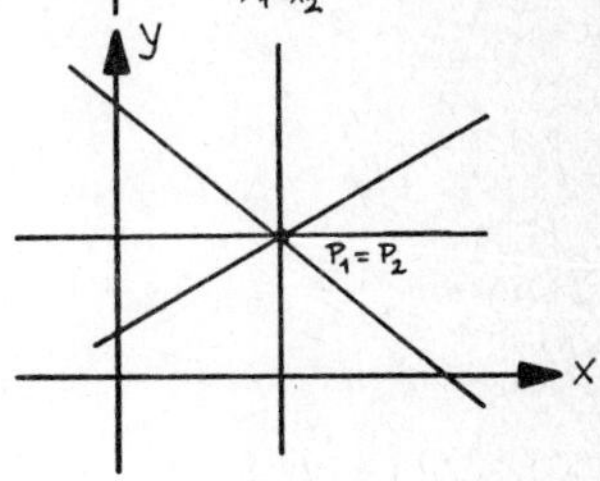

Ist schließlich auch $y_1 = y_2$, d.h. $P_1 = P_2$, so gibt es unendlich viele Geraden

$$g_m = \{(x,y) \mid y = m(x-x_1) + y_1\}.$$

Algorithmus:

> <u>Eingabe</u> x_1, y_1, x_2, y_2
> <u>Wenn</u> $x_1 \neq x_2$ <u>dann</u> berechne m und b aus (*)
> <u>sonst</u> <u>wenn</u> $y_1 \neq y_2$
> <u>dann</u> Gleichung (*) nicht lösbar
> <u>sonst</u> (*) hat unendlich viele Lösungen

Eine weitere Verfeinerung wollen wir uns hier ersparen.

```
 10  REM         * G E R A D E N G L E I C H U N G *
 20  REM          * ZU GEGEBENEN PUNKTEN *
 30  :
 40  PRINT "KOORDINATEN DER PUNKTE?"
 50  INPUT "ERSTER PUNKT "; X1 , Y1
 60  INPUT "ZWEITER PUNKT "; X2 , Y2
 70  :
 80  IF X1 <> X2 THEN 120
 90     IF Y1 <> Y2 THEN 110
100        PRINT "ES GIBT UNENDLICH VIELE GERADEN" : END
110     PRINT "KOEFFIZIENTEN NICHT BESTIMMBAR" : END
120  LET M = (Y2 - Y1)/(X2 - X1)
130  LET B = (X2*Y1 - X1*Y2)/(X2 - X1)
140  PRINT "STEIGUNG: "; M , "HOEHENLAGE: "; B
150  END
```

10. (Lineare Gleichung, Seite 63)

<u>Eingabe</u> a , b

<u>Wenn</u> $a \neq 0$ <u>dann</u> $x := -\frac{b}{a}$; drucke x

<u>sonst</u> <u>wenn</u> $b \neq 0$

<u>dann</u> drucke: Gleichung unlösbar

<u>sonst</u> drucke: Gleichung allgemeingültig

```
 10  REM      LINEARE GLEICHUNG A*X + B
 20  :
 30  PRINT "GEBEN SIE DIE KOEFFIZIENTEN EIN!"
 40  INPUT "A = "; A
 50  INPUT "B = "; B
 60  :
 70  IF <> 0 THEN 110
 80     IF B <> 0 THEN 100
 90        PRINT "GLEICHUNG ALLGEMEINGUELTIG": END
100     PRINT "GLEICHUNG UNLOESBAR": END
110  LET X = -B/A
120  PRINT "LOESUNG: "; X
130  END
```

Zu Kapitel 4

9. (Teiler, Seite 72)

a ist Teiler von b, wenn die Division b:a "aufgeht", d.h. wenn INT(b/a) = b/a.
Dies zu programmieren ist ein Kinderspiel.

Zu Kapitel 5

7. (Mittlere Wortlänge, Seite 77)

```
 10  REM     * MITTLERE WORTLAENGE *
 20  :
 30  PRINT "NACH BEENDIGUNG DER TEXTEINGABE";
 40  PRINT "TASTE # DRUECKEN!"
 50  PRINT
 60  B = 1
 70  GET A$ : IF A$ = "  " THEN 70
 80     IF A$ = "  " THEN 120
 90         IF A$ <> " " THEN A = A+1
100  PRINT A$;
110  GOTO 70
120  PRINT "MITTLERE WORTLAENGE: "; INT(10*A/B)/10
130  END
```

8. (Letternmenge)

Algorithmus:

<u>Eingabe</u> des Wortes

<u>Für</u> i <u>von</u> 1 <u>bis</u> Wortlänge <u>wiederhole</u>

Greife den i-ten Buchstaben B_i heraus

<u>Wenn</u> B_i nicht mit einem schon herausgegriffenen Buchstaben übereinstimmt

<u>dann</u> Drucke B_i

Programm:

```
 10  REM       * LETTERNMENGE *
 20  :
 30  INPUT "WIE HEISST IHR WORT "; W$
 40  N = LEN(W$)    : REM WORTLAENGE
 50  :
 60  PRINT MID$(W$,1,1);
 70  :
 80  FOR  I = 2  TO  N
 90     A$ = MID$(W$,I,1)
100     FOR K = 1  TO  I-1
120        IF MID$(W$,K,1) = A$ THEN 150
130     NEXT K
140     PRINT A$;
150  NEXT I
160  END
```

11. (Dezimalzahlen stellenrichtig, Seite 77)

```
 10  REM     * STELLENRICHTIG *
 20  :
 30  READ A$
 40  IF A$ = "0" THEN END
 50     FOR I = 1  TO LEN(A$)
 60        IF MID$(A$,I,1) = "." THEN 80
 70     NEXT I
 80     FOR K = 1  TO 10 - I
 90        A$ = " " + A$
100     NEXT K
110     PRINT A$
120  GOTO 30
130  :
140  DATA "10.15", "0.78" , "189.23" , "0"
```

17. (Zufallsregen, Seite 82)

```
 10  INPUT M,N
 20  PRINT
 30  FOR I = 1 TO M
 40     FOR K = 1  TO N
 50        IF INT(2*RND(1)) = 1 THEN ?"*";:GOTO 70
 60           ?" ";
 70     NEXT K
 80     PRINT
 90  NEXT I
100  PRINT
110  END
```

? ist Abkürzung für PRINT

20. (Käfer auf Tetraeder)

Die Zufallsentscheidungen Arthurs an jeder Ecke simulieren wir durch das Ziehen einer Zufallszahl 0,1,2 (gleichwahrscheinlich). Mit Chance 1/3 ist Arthur sofort tot (Zufallszahl 0); andernfalls ist wieder die Ausgangssituation hergestellt (Zahlen 1 und 2).

Algorithmus auf der folgenden Seite.

Bei einem Probelauf mit 1000 Käfern wurde eine mittlere Lebensdauer von 3,019 Minuten erzielt (Theorie: 3 Minuten).

Algorithmus:

```
Eingabe  n {Anzahl der Käfer}
Für  i  von  1  bis  n  wiederhole
     Lebensdauer  L  bestimmen
     S := S + L    {Summe aller Lebensdauern}
Ausgabe  S/n  {mittlere Lebensdauer}

Prozedur: Lebensdauer bestimmen
          Wiederhole
             Zufallszahl Z bestimmen
             L := L + 1
          bis  Z = 0
```

Programm:

```
 10 REM        * KAEFER AUF TETRAEDER *
 20 :
 30 INPUT "WIE VIELE KAEFER "; N
 40 :
 50 FOR  I = 1 TO N
 60    L = 1
 70    Z = INT(3*RND(1))
 80    IF  Z = 0  THEN 110
 90      L = L+1  : GOTO 70
100    :
110    PRINT L;
120    S = S + L
130 NEXT I
140 PRINT
150 PRINT "MITTLERE LEBENSDAUER: "; S/N
160 END
```

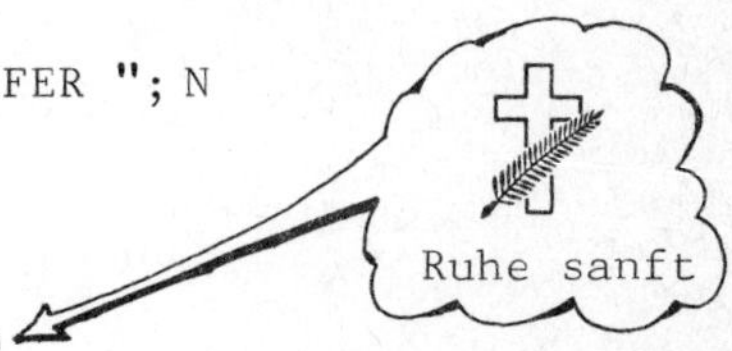

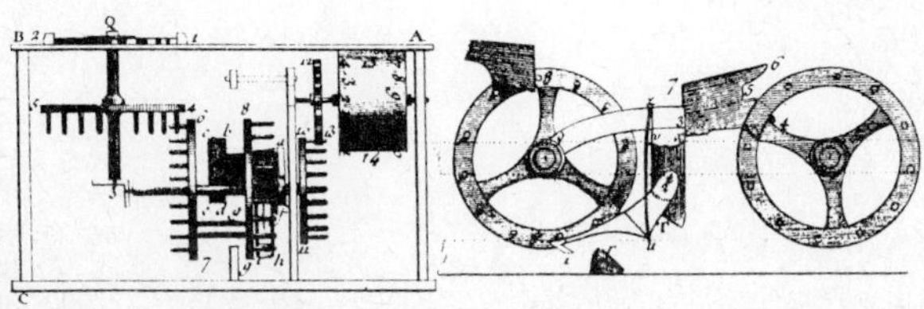

2. Literatur

[1] ENGEL, A.: Elementarmathematik vom algorithmischen Standpunkt. Stuttgart (Klett) 1977

Das Standardwerk für einen computerorientierten Mathematikunterricht; eine Fundgrube interessanter mathematischer Probleme aus Zahlentheorie, Geometrie, numerischer Analysis und Wahrscheinlichkeitsrechnung, die mittels Computer gelöst werden können. Die Programme sind in BASIC geschrieben.

[2] GOTTFRIED, B.S.: Programmieren mit BASIC. Düsseldorf (McGraw-Hill) 1978

Enthält zahlreiche elementare Übungsaufgaben und 21 ausführliche Programme aus Mathematik und nicht-numerischer Datenverarbeitung.

[3] KLINGEN, L. et al.: Informatik. Stuttgart (Klett) 1975

Dies Buch enthält eine Fülle von Aufgaben numerischer und nicht-numerischer Natur. Die Algorithmen werden graphisch durchweg als Flußdiagramme dargestellt; keine Programme. Lösungsband.

[4] MENZEL, K.: Elemente der Informatik. Algorithmen in der Sekundarstufe I. Stuttgart (Teubner) 1978

Sehr gut lesbares Buch mit vielen für die Mittelstufe geeigneten numerischen und nicht-numerischen Algorithmen. Programme in BASIC.

Folgende S c h u l b ü c h e r für die Sekundarstufe I behandeln das Thema "Algorithmen und Programme":

[5] SCHÖNBECK-SCHUPP: PLUS 9 , 10 Paderborn (Schöningh) 1978, 1980

[6] HAYEN-VOLLRATH-WEIDIG: GAMMA 9 , 10. Stuttgart (Klett) 1979 , 1980

Die in GAMMA und die in vorliegender Schrift verwendete algorithmische Sprache stimmen weitgehend überein.

3. BASIC

* ANWEISUNGEN UND KOMMANDOS (Version COMMODORE) *

Programmbefehle

LET	Wertzuweisung (kann weggelassen werden) → Seite 17
INPUT	Eingabe von Daten über die Tastatur → Seite 13
READ/DATA	Liest Daten, welche unter DATA im Programm abgelegt sind → Seite 42
PRINT	Ausgabe auf dem Bildschirm, Zeilenvorschub → Seite 8
GOTO	Sprungbefehl → Seite 15
GOSUB/RETURN	Sprung zu einem Unterprogramm → Seite 69
IF ... THEN	Entscheidungs-Anweisung → Seite 28
FOR ... NEXT	Laufanweisung (gezählte Wiederholung) → Seite 40
REM	Ermöglicht Zwischentext im Programm → Seite 26
DIM	Dimensionierung von Feldern, d.h. Bereitstellung von Speicherplatz → Seite 44
STOP	Beendet laufendes Programm
END	letzte Anweisung eines Programms (kann weggelassen werden)
AND, OR, NOT	Logische Operatoren und, oder, nicht → Seite 33
LEFT$ RIGHT$ MID$	Zeichenketten-Funktionen, die aus einer Zeichenkette genau spezifizierte Teile herausnehmen → Seite 74
LEN	Ermittelt die Länge einer Zeichenkette
VAL	Wandelt Zahlenstrings in normale Zahlen um
STR$	Umkehrung von VAL: macht aus Zahl eine Zeichenkette

Systemkommandos

RUN	Startet ein Programm, löscht alle Variablen
CONT	setzt Programmausführung fort (nicht möglich nach Fehlermeldung oder Programmänderung)
GOTO	eigentlich Programmbefehl, kann aber als Kommando verwendet werden, wenn die Variablen nicht gelöscht werden sollen
LIST	erstellt Programmliste
NEW	löscht den Programmspeicher
CLR	löscht alle Variablen und hebt die Dimensionierungen auf (nicht zu verwechseln mit der Taste CLR!)
FRE	meldet freien Speicherplatz (in Bytes)

Spezialtasten

SPACE	Erzeugt Zwischenraum
SHIFT	Bewirkt Umschaltung auf die oben stehenden Zeichen der Tastatur
RETURN	Bewirkt beim Programmschreiben die Speicherung der soeben geschriebenen Zeile sowie Wagenrücklauf und Zeilenvorschub, bewirkt nach einer Dateneingabe mittels INPUT die Fortsetzung der Programmausführung, ohne Dateneingabe: Beendigung der Programmausführung
STOP	Unterbricht laufendes Programm
RVS ON	Schaltet auf Negativdarstellung um
RVS OFF	Schaltet auf Normaldarstellung zurück
CLR SCREEN	Löscht den Bildschirm (ist programmierbar!)
HOME	Bringt den Cursor in die linke obere Ecke des Bildschirms
DEL	Löscht das links vom Cursor stehende Zeichen
INST	Erzeugt unmittelbar links vom Cursor eine Leerstelle (Zwischenraum) zum Einfügen eines Zeichens.

Arthur Engel

Elementarmathematik vom algorithmischen Standpunkt

Klettbuch 98334

Klett Studienbücher